Michael Konrad
Saach blooß 3
Neue Geheimnisse des Pfälzischen

© 2009 RHEINPFALZ Verlag und Druckerei GmbH & Co. KG

Hinweise und Vorschläge zu unserer Serie „Saach blooß" können Sie senden
per E-Mail an redeswz@rheinpfalz.de und per Fax an 0621/5902-313.

Satz, Layout: Markus Knecht, Knecht Verlag Landau
Druck und Weiterverarbeitung: NINO Druck GmbH, Neustadt

Printed in Germany
ISBN-10: 3-937752-09-9
ISBN-13: 978-3-937752-09-9

Michael Konrad

Saach blooß 3

Neue Geheimnisse
des Pfälzischen

von RHEINPFALZ-Lesern enträtselt
Karikaturen von Uwe Herrmann

Inhaltsverzeichnis

En kluche Mann, der drickt's so aus:
Die Sproch, die isch vum Sein des Haus.
Un geht se unner, die Sprooch, die schää,
dann hämmer all kä Wohnung mäh.

Bernd Lütz-Binder, Landau

*Eine von 1100 Zuschriften an die RHEINPFALZ am
SONNTAG, die ihre Leser im Februar 2009 aufgefordert hatte: Retten Sie die Pfälzer Mundart – und
zwar in vier Zeilen!*

Vorwort

Liebe Leserinnen und Leser dieses Buches,

bei bundesweiten Befragungen nach der Beliebtheit von deutschen Dialekten schneidet das Pfälzische nicht so gut ab. Das ist einerseits überraschend, andererseits völlig unverständlich und wohl nur so zu erklären, dass zu viele der Befragten den Pfälzer Dialekt gar nicht kennen. Selbstredend gehört er zu den klangvollsten und originellsten Regionalsprachen in Deutschland. Denn welcher andere Dialekt kann schon aufwarten mit einer solchen Gegensätzlichkeit der Sprache und der Worte. Das Pfälzische ist sowohl derb wie auch charmant. Es ist sowohl gefühlsbeladen wie auch ganz rational. Es ist kantig deutsch und auch französisch rund. Es ist mal gerade heraus und mal umständlich verschachtelt. Es ist sowohl unverblümt wie auch voller Ironie. Es ist grantelig, aber auch euphorisch …

„Saach blooß", eine der erfolgreichsten Serien in der RHEINPFALZ überhaupt, deckt seit 2002 die ganze Vielfalt und Gegensätzlichkeit der Pfälzer Mundart auf. Unser Autor Michael Konrad stellt dort einen Spruch oder ein Wort zur Diskussion und die Leserinnen und Leser erklären dann deren Ursprünge und Bedeutung. So konnte manches Rätsel der Pfälzer Sprache aufgeklärt werden. Dialekt also als Gesprächsstoff. Gesprächsstoff, der mit der Heimat verbindet. Was lag näher, als im Jahr 2006 aus der Zeitungsserie ein Buch zu machen? Dieses Buch: „Saach blooß. Geheimnisse des Pfälzischen. Von RHEINPFALZ-Lesern enträtselt!", war so erfolgreich, dass schnell weitere Auflagen folgten und 2007 sogar ein zweiter Band: „Saach blooß 2. Noch mehr Geheimnisse des Pfälzischen. Von RHEINPFALZ-Lesern enträtselt!" Die Erfolgsgeschichte ging weiter. Hier nun liegt Ihnen also der dritte Band vor: „Neue Geheimnisse des Pfälzischen".

Wer immer dieses Buch liest, wird Schönheit, Reiz und Eigentümlichkeit des Pfälzischen nie mehr in Abrede stellen. Wir danken Michael Konrad und dem Karikaturisten Uwe Herrmann für ihre Arbeit zugunsten des Erhalts und der Pflege unserer Heimatsprache. Ihnen, liebe Leserinnen und Leser, wünsche ich gute Unterhaltung und viel Spaß bei der Lektüre. Ich bin mir sicher: Selbst die Zweifler unter Ihnen werden dabei den Pfälzer Dialekt lieben lernen.

Michael Garthe, Chefredakteur DIE RHEINPFALZ

Komm an mein Herz!

Beziehungsanbahnung auf Pfälzisch: drücken, aber mit Fantasie

„Saach blooß", das renommierte Institut für Gesellschaftsstu-
dien mit Sitz in Ludwigshafen, hat sich in einer Erhebung mit
der Frage befasst, wie Pfälzerinnen und Pfälzer ihre Beziehun-
gen anbahnen. Das Ergebnis: Sie flirten und sie baggern nicht,
sie himmeln nicht an und halten auch nicht Händchen. Nein,
nein. Sie „bussieren".

„Ach, war des schä, wie mer noch jung waren un bussiert
hän", erinnert sich Rosemarie Mathes aus Germersheim und
erklärt, dass „bussiere" für sie mehr war als nur flirten: „Man
hat sich in jemanden verliebt und hat sich mit demjenigen regelmäßig getroffen zum Stelldichein." Uta Müller aus Neustadt
erzählt: „Wie ich noch ebbes (viel) jinger war, sinn mer als uff
die ‚Schtenz' gange, des hääßt, in de Stadt ums Quadrat, die
Mädle so rum un die Buwe annerscht rum." So hat man sich
kennengelernt, bald hat man „bussiert".

Die Freude am „Bussiere" ist bis heute ungebrochen. „Diesmal war Eure Frage so einfach", schreibt Rainer Blankenburg
aus Ludwigshafen, „dass selbst ich als Wahlpfälzer das Wort
auf Anhieb verstanden habe: Bussiere ist auf Hochdeutsch
‚poussieren' und wird mit ‚umwerben, flirten, gehen (mit), be-
freundet sein (mit)' am besten beschrieben." „Was sich daraus
entwickelt, ob Trennung oder Hochzeit, ist zu diesem Zeitpunkt
jedoch noch offen", meint Elke Plass-Mackensen aus Niederkirchen. „Es is halt for zum Ausbrowiere, noch net richdich for
ernscht", sagt Rudolf Walther aus Großkarlbach.

Aloisia Gurk aus Dudenhofen hat feine Unterschiede herausgearbeitet. „De Richard geht bussiere" bedeute, dass der Mann
noch kein festes Ziel im Auge habe, „aber er will anbändeln".
„De Richard bussiert die Hildegard" weise dagegen auf ein fes-

De Max bussiert die Lisa

tes Verhältnis hin. Bei „De Richard bussiert mit de Hildegard"
werde es dann endlich richtig konkret: Es wird geknutscht. Min-
destens. „Wann zwä mitenonner gange sin, dann hawen se bussiert. Oder war ‚bussiere' doch etwas mehr? Habe es vergessen", schreibt Günter Steck aus Speyer.

Jedenfalls: Solange die „Bussierer" ihre Füße noch unter den
elterlichen Tisch strecken, kann es beim „Bussiere" zu zeit-
lichen Engpässen kommen. Familiengesetze wie „Um halwer
elfe bischd dehääm!" haben schon bei unzähligen abendlichen
Vergnügungen „de Krumbel neigemacht". Es wird aber auch von
erfreulichen Beispielen elterlicher Kooperation berichtet: Hans
Ehrhardt aus Gossersweiler-Stein zum Beispiel durfte als Kind

solange „bussiere" wie er wollte. Für den Fall der Fälle allerdings trat ein zweites Familiengesetz in Kraft: „Awwer morche frieh geht's bei Zeit aus'em Nescht!"

Wer „bussiert", weckt das Interesse seiner Mitmenschen, und zwar nicht nur innerhalb der Familie. „Midd wemm durrern jetzt schunn werrer bussiere?" fragt Dieter Hartmann aus Gauersheim. Und Hans-Walter Heil aus Göllheim überliefert den Ausruf: „Ihr Kinner, eiern Vadder, der alt Narr, steht ans Knobbe (wohl: vor dem Haus der Knopps) un pussiert mit de Bobbe (mit den „Puppen", also den jungen Frauen)". Womit wir beim klassischen Schürzenjäger angelangt wären, besser gesagt beim „Bussierstengel", wie ihn zum Beispiel Rolf Grimmeisen aus Neuhofen kennt. Die eleganteren unter diesen männlichen Flirtmaschinen hatten laut Joachim Lehmler aus Ludwigshafen früher ein „Poussierdichel" im Jackettäschchen stecken, ein fein säuberlich gefaltetes Herrentaschentüchlein nämlich, vorzugsweise mit draufgestickten Initialen. Fehlte nur noch das Stutzerbärtchen.

Kaum einen Zweifel lassen die Leser, dass „bussiere" wie das veraltete hochdeutsche „Poussieren" vom französischen „pousser" abstammt. „Un wer hot's bei uns oigschleppt? De Nabolion nadierlich", konkretisiert Rold Grimmeisen. „Drücken, „treiben", „drängen" oder „stoßen" bedeutet das französische Original. „Es bleibt der Fantasie des Einzelnen überlassen, was davon beim Poussieren praktiziert wird", sagt Joachim Lehmler.

Was „Saach blooß" nun doch in die etwas delikate Lage bringt, sich intensiver als geplant mit den mechanischen Aspekten des „Bussierens" befassen zu müssen. Während angesichts der französischen Ursprünge auch Fritz Gensheimer aus Offenbach mutmaßt, die Spanne der Möglichkeiten sei wohl sehr groß, gibt das Duden-Herkunftswörterbuch Entwarnung: Der Bedeutungswandel zur deutschen Version sei wohl auf die französische Wurzel „knutschen", „an sich drücken" zurückzuführen, nicht auf „bedrängen" oder gar „stoßen" – womit wenigstens dem Jugendschutz Genüge getan wäre, wie Heinz Hener aus Maikammer erleichtert anmerkt. Noch unverfänglicher wäre allerdings eine Lösung, die gleich mehrere Leser anbieten: „Bussiere" könnte – wie „Bussi", „Busserl" oder das englische „buss" – auf das gleichlautende mittelalterliche Wort für „Kuss" zurückgehen.

Fest steht eines: Die „Poussage" (Pfälzisch „Bussaasch") gibt es im Französischen nicht. Sie ist eine deutsche Erfindung, die in der Pfalz als „uff die Bussaasch gehe" Niederschlag findet. Inge Schornick sieht auch in dieser Weiterentwicklung des Poussierens ein „nicht allzu ernst gemeintes Kennenlernen beider Geschlechter und schreibt: „Es muss kein Sex im Spiel sein". Doch es gibt auch hier durchaus andere Meinungen. Die „Bussaasch" könne auch die Geliebte sein, sagt zum Beispiel Klaus Juner aus Herschberg.

Für erstaunlich hält Ralf Bürkle aus Frankenthal, dass die „Bussaasch" in der Regel weiblich ist. Er glaubt: „Das entspringt vermutlich dem alten Rollenverständnis, dass sich der Herr um die Dame zu bemühen hat und nicht umgekehrt." Dabei, so legt seine Zuschrift nahe, sollten die Zeiten sich doch grundlegend gewandelt haben. Und da wir gerade beim Thema „Wandel" sind: Ob sich all die Mühe am Ende gelohnt haben wird oder ob sich Prinz und Prinzessin nach dem Abklingen der Anfangseuphorie in Frosch und Kröte verwandeln, vermag „Saach blooß" nicht zu beurteilen. Wir sind nur für die sprachliche Seite zuständig. Zum Glück.

Folge 103, erschienen am 20.7. 2007

„Spreisel" und „Schliwwer"

Klein, aber gemein

Was Pfälzerinnen und Pfälzern unter die Haut geht

Was gehört in einen Erste-Hilfe-Koffer? Mullbinden, Pflaster, Jod und natürlich „Saach blooß". Denn unsere Leser haben auch in gesundheitlichen Fragen die besten Tipps parat. Zum Beispiel, wie man einen Holzspan entfernt, der sich in die Haut (vorzugsweise an der Hand) gebohrt hat. Zum Fingerbad mit Kernseife raten Minnie Maria Rembe aus Langmeil und Inge Schornick aus Ludwigshafen. Einen minimalinvasiven Eingriff mit ausgeglühter Nadel oder Pinzette halten Heinz Hener aus Maikammer und Wolfgang Breyer aus Frankenthal für Erfolg versprechend.

Da somit für den medizinischen Ernstfall vorgesorgt ist, widmen wir uns nun dem sprachlichen. In der Pfalz sind für den Span „Spreißel" und „Schliwwer" in Gebrauch. Beispiele: „Biewel, zeich mer mol dein Schbreißel am Fingerle. Nor kää Angschd, ich zieh dern raus" (von Wilfried Haas aus Hochstadt) und „Kattsche, nemm der emol e Noodel un mach mer den Schliwwer ausem Handballe, der steckt dief" (von Rudolf Walther aus Großkarlbach). Beide Wörter funktionieren im Gleichschritt auch für Frechheiten. „Wann'd drowe bescht, mach gleich de Spreißel raus", sagt Hans Estelmann aus Böchingen zu Nasenbohrern, allen anderen Holzköpfen rät Bernhard Gabauer aus Ludwigshafen: „Kratz disch net so arg am Kopp, sunscht holscht der villeischt noch en Schliwwer."

Unklar ist, ob der „Spreißel" und der „Schliwwer" erst durch das Eindringen in die Haut zu ihren Namen kommen, was Hans Ehrhardt aus Gossersweiler-Stein vermutet, oder ob der Holzspan auch an der frischen Luft schon so bezeichnet wird. Das glaubt Robert Koch aus Wachenheim, gebürtiger Schwarzwälder, der von dort das Wort „Sprißili" kennt für pfälzisch „Aamachhelzel" (Achtung: Die Minischeite verbessern nicht die Chancen bei der Partnersuche, also beim „Bussiere", sondern bringen ein Feuer in Gang). Ein „Spreißel" muss demnach nicht zwingend jemanden verletzen – ein allerdings nur schwacher Trost für Ludwig Hutzelmann aus Schifferstadt und Heinz Wolfert aus Beindersheim. Beide sind in der Holz verarbeitenden Branche tätig, wie sie uns geschildert haben, und damit Experten in Sachen „stechender Schmerz" nach dem Motto: kleine Ursache, große Wirkung.

Um die Betrachtung nicht zu ernst werden zu lassen: Es gibt Sprüche, die den Span in anderen Regionen ansiedeln als an der Hand. Beispiel: „Ritsch mer net mit deine dinne Hesselscher uff denne ughowwelde Bredder erum, sunscht hoschde glei en Schliwwer im A...". Joachim Lehmler aus Ludwigshafen sieht sich gar zum Ratschlag veranlasst: „Immer gucken, ob auch der Fahrradsattel gut abgehobelt ist!"

„Schliwwer" – mancherorts auch „Schliffer" ausgesprochen – ist wohl eine pfälzische Erfindung. Einige Leser mutmaßen, das Wort „schleifen" könne Pate gestanden haben. Anderen, darunter Gisela Schumann aus Grünstadt, ist beim „Schliwwer" der „Ohreschliwwer" in den Sinn gekommen: der Ohrenschlüpfer also, ein Krabbeltier aus der Gattung der Forficula. „Schlüpfer" – „Schlibber" – „Schliwwer", so könnte der Zusammenhang lauten. Dazu passt: Ein „Schliwwer" schlüpft oft erst mal nahezu unbemerkt unter die Haut. Der „Spreißel" stammt dagegen aus dem Österreichischen, wie mehrere Leser herausgefunden haben. Entstanden ist das Wort aus mittelhochdeutsch „spriden" für „zersplittern", erklärt Klaus Juner aus Herschberg.

Alles klar also? Nicht ganz: Wir wollen nicht verschweigen, dass einige Mitmacher doch Bedeutungsunterschiede zwischen „Spreißel" und „Schliwwer" erkannt haben wollen. Nicht von der Hand zu weisen: Nur „Schliwwer" steht manchmal für „Schramme", wie Renate Frey schreibt, und nur mit „Spreißel" kann auch ein Mensch bezeichnet werden: ein langer Lulatsch, „wu än Schatte schmeißt wie e Fahrradspääch", sagt Bertram Steinbacher aus Lingenfeld. „Die Karin un die Elke vun de Haß-

„Bleeder Spreißel!" oder „Schliwwer"?

locher Sparkass" mutmaßen außerdem, ein „Spreißel" sei kleiner als ein „Schliwwer". „Schliwwer" könne sogar ausdrücklich
„ein großes Stück" bedeuten wie in dem Ausruf „Do hoschd
awer en Schliwwer abgschnidde!"

Folge 104, erschienen am 24.8. 2007

„Was fer en Wescher!"

Krautköpfe wie kleine Planeten

Geschichten aus einer Region, in der überdurchschnittlich vieles überdurchschnittlich groß ist

Von manchen Fragen lässt sogar „Saach blooß" die Finger. Ob tatsächlich diejenigen Landwirte, die am wenigsten intelligent sind, die imposantesten Kartoffeln ernten – das wollen wir nicht klären. Wer braucht schon Ärger mit dem Bauernverband? Wir unterdrücken unsere Streitlust und beschränken uns auf die Aussage: „Wann de dimmschde Bauer die dickschde Grumbeere hot", dann haben wir es mit „rischdische Wescher" zu tun.

„Alles, was größer ist als die Norm" oder „was über den Durchschnitt herausragt", werde in der Pfalz als „Wescher" bezeichnet, erklären Heinz Hener aus Maikammer und Heinz Wolfert aus Beindersheim. Ein „Wescher" ist also ein Riesending (zum Beispiel eine Monsterkartoffel) oder ein Riesenkerl (zum Beispiel ein Sumoringer). Die Ausmaße seien so außergewöhnlich, dass Worte zur Beschreibung nicht ausreichten, meint Bruno Seeger aus Oggersheim. Es sei „unbedingt erforderlich, mit den Armen in der Luft ein riesenhaftes Gebilde nachzuzeichnen".

„En Brocke", „en Brummer" oder eine Wortkonstruktion, die mit „Mords-" beginne („Des esch en Mordsabbaraad!"), könnten im selben Sinne verwendet werden wie der „Wescher", schreibt Joachim Lehmler aus Ludwigshafen und legt damit den Schluss nahe, dass in der Pfalz überdurchschnittlich vieles überdurchschnittlich riesig zu sein scheint. Bleiben wir mal in der Landwirtschaft. „En iwwergrooßer Krautkopp" werde als „Wescher" bezeichnet, meint Kurt Seither aus Kandel. Manfred Bauer aus Ludwigshafen schreibt: „Moi Tomade", prahlt de Lui, „dissjohr sooo Wescher!" Und zurück zu den Kartoffelbauern: „Geschdern haw'isch in de Langgewann mei Mittelfriehe aus-

„Was fer en Wescher!"

gemacht, des hetsch'd sehe misse: lauter soooo Wescher" (eingeschickt von Rudolf Walther aus Großkarlbach).

Doch wo stammt das Wort bloß her? „Der macht kä große
Sprich, der fackelt net lang rum un wescht glei druff" – dieses
Anwendungsbeispiel von Gisela Horn aus Otterstadt bringt uns
zum pfälzischen Verb „wesche" für „schlagen" (im Gegensatz
zu „wesche" für „waschen"). „Wescher" als Hauptwort kann
nämlich auch mit „Schläger" übersetzt werden, wie Roland Rein-
berger aus Römerberg und Frau Lambert aus Ludwigshafen berichten. In manchen Orten werde dem „Wescher" sogar der Fa-
milienname des Delinquenten angefügt („De Kunze-Wescher").
„Isch wesch der glei änni" (auch in schärferen Varianten wie
„Bass uff, sunscht wesch ich dich durch die Dampfheizung,
dass'd hinne als Scheiwe rauskummscht!") ist jedenfalls in der
Pfalz als Drohung ziemlich wörtlich zu nehmen, wie uns zahlreiche Leser versichert haben.

Klaus Juner aus Herschberg und Rudolf Walther meinen, „wesche" könne mit dem hochdeutschen „wischen" zusammenhängen. Beim Boxen zum Beispiel gebe es den „Wischer", also

den Hieb, mit dem das Ziel nicht voll, aber eben doch getroffen werde. Auch mit Haushaltswerkzeugen wie Stroh-, Feder- oder Rutenbündelwisch könnten durchaus schlagende Bewegungen ausgeführt werden.

Trotz dieser schlagenden Argumente halten es andere Leser für wahrscheinlicher, dass beim „Wescher" tatsächlich die Wäscherei ins Spiel kommt. Sei es, weil die Wäsche vor Erfindung der Waschmaschine geklopft, also geschlagen werden musste, sei es, wie Inge Schornick aus Ludwigshafen mutmaßt, weil das Waschen von riesigen Klamottenstapeln eine Mordsarbeit gewesen sei. Eine Mordsarbeit wie das Waschen der frisch aus dem Acker gezogenen Kartoffeln – diesen Schluss legt zumindest ein Bick ins „Pfälzische Wörterbuch" nahe. Denn um den „Wescher" aus dem pfälzischen Sprach-Standardwerk zum Einsatz zu bringen – einen mutmaßlich sehr großen „korbartigen, gewölbten Schöpfer mit langem Stiel zum Waschen der Kartoffeln –, brauchte es gewiss starke Männer, richtige „Wescher" eben. Mit deutlich spürbaren Folgen für deren Arbeitgeber. Das „Pfälzische Wörterbuch" jedenfalls hält an dieser Stelle einen Hilferuf an den Himmel parat: „Behiet mich Gott vor deirer Zeit, vor Maurer un vor Zimmerleit, vor Wäscher un vor Drescher, des sinn die greeschde Fresser."

„Saach blooß" meint da nur noch ehrfurchtsvoll: wahrhaftig ein „Mordswescher" von einer Erklärung.

Folge 105, erschienen am 7.9. 2007

„Googelich" und „gaunschelich"

Pfälzer in Gefahr

Wer mit dem Feuer spielt, bekommt einen dummen Spruch ab

Ein Stuhl, darauf ein Hocker, noch weiter oben ein Schemel und auf dem Gipfel der Pfälzer (oder die Pfälzerin) mit einer Glühbirne in der Hand – oder bevor sich die EU-Kommission beschwert: mit einer Energiesparlampe. Haben Sie da ein Déjà-vu? Anders gefragt: Sind Sie auch zu faul, die Leiter aus dem Keller zu holen? Dann leben Sie zwar gefährlich, haben aber einen optimalen Einblick ins Thema „gaagelich", „googelich" und „gaunschelich".

Wenn's wackelig wird, wissen die Pfälzer sofort, was sie sagen sollen: „Ich glaab, du bischt verrickt, uff die gaagelisch Konschdruktsjon nuff krawwle zu wolle. Mit dere Nummer kannscht vielleicht im Zirkus ufftrete, awwer net bei uns dehääm", schreibt Manfred Bauer aus Ludwigshafen. Auch Stöckelschuhe können unter die Rubrik Lebensgefahr fallen, wie Minnie Maria Rembe aus Langmeil aus ihrer Erfahrung mit „sechs Zentimeter Pfennigabsatz" weiß: „Ei Märe (Mädchen), wie kummscht du so gaagelisch doheer?" lautete in ihrem Fall die besorgte Reaktion des Vaters.

Die Gefahr lauert überall. Als „gunnschelisch" könne in der Westpfalz zum Beispiel der wackelige Stiel einer Axt bezeichnet werden, sagt Martin Pfeiffer aus Blaubach. „Jetzt heer endlich uff, mit doim Stuhl zu gauntschle", bekomme der sturzgefährdete Stuhlschaukler zu hören, meint Inge Schornick aus Ludwigshafen. Einen feinen Unterschied hat Peter Hasenzahl aus Ludwigshafen herausgearbeitet. Er vermutet, bei „gaaglich/googlich" werde eine Konstruktion durch ihre Höhe instabil, bei „gaunschelich" dagegen finde das gefahrenträchtige Schaukeln eines Gegenstands bereits in Bodennähe statt. „Der gaanschelt hie un her wie en Hundeschwanz orre en Ascht am Baam", meint Walter Gundacker aus Hinterweidenthal.

Dazu passt: Wenn bei einem schlanken, groß gewachsenen Menschen nicht seine schmale Statur im Blickpunkt steht (dann wird er „Spreisel" genannt), sondern seine mangelhafte Standfestigkeit, dann wird er als „Gaagel" bezeichnet, wie drei Leserinnen schreiben. Und solche langen Lulatsche finden ihre Entsprechung sogar in der Botanik. Wilfried Haas aus Hochstadt und Martin Pfeiffer kennen den Gagelstrauch (lateinisch: myrica gale). Klar, dass diese Pflanze sehr, sehr lange Stängel hat. Ebenso klar: Wie Glühbirnenkletterer und Pumpsträgerinnen steht das Gagelstrauchgewächs auf der Roten Liste der gefährdeten Arten.

Hans Ehrhardt aus Gossersweiler-Stein führt uns mit der lautlichen Variante „gauglich" aus seinem Heimatort ganz nahe an den Ursprung des Worts. Im Duden wird das hochdeutsche „gaukeln" nämlich auch als „mit Licht oder Feuer spielen" und „mit dem Stuhl wippen" übersetzt. Erklärung: Fehlanzeige. Manfred Bauer aus Ludwigshafen spannt da immerhin den Bogen von der zirkusreifen Glühbirnenaktion über die windigen Darbietungen von Gauklern hin zu den wackligen Bauten, die Gaukler und fliegende Händler auf der Straße aufstellen. Und er hat uns das Gedicht vom „Gaukelinchen" von Franz Graf von Pocci (1807-1876) geschickt. Darin geht es um ein Mädchen, das den Rat seiner Mutter in den Wind schlägt, nicht mit dem Feuer zu „gaukeln". Die schaurige Moral der G'schicht lautet:

> *„Drum, Ihr Kinder, gaukelt nicht*
> *mit dem Feuer oder Licht;*
> *denn das Feuer, heiß und rot,*
> *brennt Euch sonst wie Linchen tot."*

Der „Struwwelpeter" lässt grüßen ...

Klaus Juner aus Herschberg verweist auf der Suche nach dem Ursprung von „googelich" auf das mittelhochdeutsche „gagen" oder „gagern", das „zappeln" und „sich hin und her wiegen" bedeutet, was nun wiederum den „Zappelphilipp" ins Spiel bringt, der beim Thema dieser Folge auch Heinz Hener aus Maikammer in den Sinn gekommen ist. „Gautschen" dagegen ist

„Gaunschel nit so uff dämm Stuhl erum!"

ein Wort aus der Buchdruckerei (Papier wird zum Entwässern in eine Presse gelegt), das sich weiterentwickelt hat zu „wiegen", „schaukeln", wobei der Reim auf „gaukeln" gewiss kein Zufall ist.

„Saach blooß" kann da nur noch feststellen: „Sitzt, basst, wackelt un hot Luft!" Oder, wie Ottilie Rieder aus Deidesheim sagt: „Da haben die Pfälzer mal wieder ein Wort aus dem Mittelalter in unsere Zeit gerettet." – „Was lernen wir daraus?" fragen Polizei, Berufsgenossenschaft und der Verband der Unfallversicherer? – Na klar! – Gefahr erkannt, Gefahr gebannt. Und: Hauptsache „Saach blooß" gesichert.

Folge 106, erschienen am 21.9. 2007

„Die Gunn aaduu"

Gönnerdämmerung

Wem Gott will rechte Gunst erweisen,
den schickt er (vielleicht) in die Pfalz

Gönnen wir uns doch mal eine „Saach-blooß"-Folge, in der sich alle Probleme auflösen wie ein Stück Käsesahne in einem Genießergaumen. Oder: „Duu mer uns selwer die Gunn aa un denke mer uns beim heidiche Thema ausnahmsweis emol nit dormelich."

„Machen wir's kurz: gönnen – Gunst – Gunn", erklärt Rudolf Walther aus Großkarlbach, was es mit der pfälzischen Redensart „die Gunn aaduu" auf sich hat. „Und weil können von Kunst kommt, kommt ebenso gönnen von Gunst" (natürlich nicht nur in Sachsen), fügt kurz und knapp Reinhard Hartmann aus Kaiserslautern hinzu. „Saach blooß" fragt: Was bleibt da eigentlich noch zu sagen? – Natürlich vieles.

„Liewer, du mer doch emool die Gunn aa un gratz mer feschd de Buggel. Mich beißt's wie dausend Lais!" lautet ein Anwendungsbeispiel von Wilfried Haas aus Hochstadt. „Du mer die Gunn o un halt äämol die Gosch" lautet eines von Rudolf Walther. Eine Ehre, einen Gefallen oder eine Gunst erweisen, ein Zugeständnis machen, Wohlwollen zeigen oder jemandem wohlgesinnt sein – so lauten die Übersetzungen ins Hochdeutsche, die Inge Schornick aus Ludwigshafen für „Die Gunn aaduu" zusammengetragen hat. „Sei so gut" ist eine in der Pfalz verbreitete Entsprechung, sagt Gisbert Häuselmann aus Ludwigshafen. „Man könnte auch sagen: Du mer mol die Lieb", schreibt Volkhard Sittel aus Dudenhofen, „es würde allerdings auf Pfälzisch wohl nicht so liebenswert altmodisch klingen".

Man könnte auf den Gedanken kommen, die Pfälzer seien ein Volk von Gönnern, von Gnädigen, von dienstbaren Gutmenschen (ganz im Sinne Joseph von Eichendorffs: Wem Gott will rechte Gunst erweisen, den schickt er in die weite Pfalz). Das überraschende Verb „antun" im Zusammenhang mit der „Gunst" zeigt für Hans Günther Meyer aus Weingarten allerdings, dass der Pfälzer, wenn er diese Formulierung verwendet, mit dem Stilmittel der ironischen Distanzierung spiele. Außerdem war uns die Zuschrift von Johanna Kripp aus Ludwigshafen vergönnt, die ein anderes Türchen aufstößt: Sie kennt die Redensart nämlich „vorwiegend im negativen Sinn", also in der Verneinung: „Dem duu isch die Gunn nedd aa, uff soin Geburtsdaach zu gehe." Auch Rosemarie Mathes aus Germersheim nennt ein ungünstiges Anwendungsbeispiel: „Isch frooch die doch net! Die Gunn du isch dere net aa." Womit wenigstens bewiesen wäre, dass nicht alle Pfälzer Vorzeigemenschen sind, sondern ganz normale Mitteleuropäer, die sich ab und zu selbst etwas und hin wieder anderen etwas nicht gönnen.

Sie gehen sogar so weit, darüber zu debattieren (besser: „dischbediere"), unter welchen Voraussetzungen sie überhaupt erst bereit sein könnten, jemandem die Gunst zu erweisen. Hier kommt die Psychologie des Gebeten-werden-Wollens ins Spiel: „Isch deht der jo helfe, wann du mer mol die Gunn du unn misch drum bidde detscht", lautet ein tiefschürfendes Beispiel von Rosemarie Mathes. Die pfälzische Bitte nach Ehrerbietung löst stets einen gewissen Druck aus. Oder meinen Sie, jemand kann sich folgendem Vortrag – eingesandt von Wilfried Haas – einfach so entziehen: „Du kannschd mer mol die Gunn aadue und die Weschmaschin rebariere. Schunscht wesch isch dir nimmi dei Hemmer (Hemden, nicht Hämmer)." Ähnlich schlechte Karten hält wohl auch der Herr, dessen Fall Kurt Scherff aus Mühlheim schildert: „Du mer mol wennigschdens die Gunn aa un du mich heirade, (sunnscht) hot die Schmuserei jetzt e Enn!"

Wie diese Schicksale mit der Lebensweisheit zusammenpassen, die Elke Knöppler aus Altrip eingeschickt hat – „Wer sich selwer nix gunnt, gunnt annere aa nix" –, wollen wir hier nicht näher erforschen. Stattdessen schlagen wir uns auf die Seite von Joachim Lehmler aus Ludwigshafen und Martha Leonhardt aus Bad Dürkheim. Sie halten „die Gunn aaduu" für „etwas zu

„Jetzt duu mer doch die Gunn aa!"

anspruchsvoll" für den Alltagssprachbedarf oder zumindest für
„etwas geschraubt". „Weerscht so gut ..." oder „Deetschmer
mol ..." erfüllten – weniger hölzern – denselben Zweck. Rentner
würden übrigens automatisch Mitglieder im „Deetschmer-Club",
schreibt Joachim Lehmler: „Die laafen de Hausfrau de ganze
Daach in de Fieß rum un heeren dann dauernd ‚Deetschmer mol
die Schdrooß kehre' oder ‚Deetschmer mol die Wesch uffhän-
ge'".

Indes: Ein Rätsel bleibt heute ungeklärt. „Kunst", „Dunst",
„Inbrunst" werden in der Pfalz, wenn überhaupt, dann zu
„Kunscht", „Dunscht", „Inbrunscht". Warum wird dann „Gunst"

zu „Gunn"? Die wahrscheinlichste, wenn auch nicht zwingende Lösung: Weil so am schönsten das Verb „gunne" durchscheint.

Wir wollen Ihnen jetzt „die Gunn aaduu" und das Thema abschließen, natürlich verbunden mit der Bitte, uns auch weiterhin als Leser die Ehre zu erweisen.

Folge 107, erschienen am 5.10. 2007

„Es Stimbel fer's Limbel"

Den Guten und den Frommen

Wohin mit den Resten? – Trinksprüche nach Pfälzer Art

Die Pfälzer haben rund ums Trinken eine enorme Kreativität entwickelt. Man denke nur an die Erfindung des Halbliter-Schoppenglases, das jedem Nichtpfälzer den Angstschweiß auf die Stirn treibt. Maximalwerte erreicht die Pfalz aber auch auf der nach oben offenen Dichterskala für freche Trinksprüche. Rund um die Uhr werden Mittrinker aufs Korn genommen: „Kennscht de Hilbert?" oder „Machscht Gliehwoi?" bekommt zu hören, wer in gemütlicher Runde vergisst, das Schoppenglas weiterzureichen, aus dem bekanntlich gemeinsam getrunken wird (von „Saach blooß" im April 2002 ausführlich thematisiert). „Es Stimbel fer's Limbel" gehört zur selben Kategorie. Dabei steht nicht – wie beim Hilbert – die brisante Frage im Blickpunkt, ob der Tischnachbar zu verdursten droht. Vielmehr geht es darum, wem die Pfälzer den Rest geben. Den armseligen Getränkerest.

„Wenn noch ein kleiner Rest im Bier- oder Weinglas ist, nennen wir dies Stimbel", erklärt nämlich Rosemarie Mathes aus Germersheim. Sie liefert den Ursprung des Wortes gleich mit: Es sei der Stumpf (wie in Baumstumpf), der da durchscheine. Es geht also um etwas, das seiner Vollständigkeit beraubt wurde. Ein Sack, halb voll mit Kartoffeln, werde als „E Stimbel Grumbeere bezeichnet", liefert Hans Estelmann aus Böchingen ein weiteres Beispiel. „Die Verniedlichung mit dem ‚i' hat etwas Leichtes und Fröhliches im Dialektbereich Vorderpfalz", sagt Reinhold L. Schuff aus Stauf. In der Westpfalz klinge das mit „Die Lumpe trinken die Stumpe" – ein Trinkspruch der Kerweburschen – schon etwas derber.

Im Pfälzer Alltag ist der Spruch nicht derb gemeint, sind sich unsere Leser einig. „Es Limbel grie(ch)t's Stimbel" wird nach

„Es L-l-l-imbel griecht's Sch-sch-sch-dimbel."

Einschätzung von Joachim Lehmler aus Ludwigshafen „meist vom Gastgeber beim Einschenken benutzt, wenn er einer von ihm ausgesuchten Person – einem Begünstigen also – noch den Rest aus einer Flasche einschenkt". Dass der Einschenker den Günstling als „Limbel" bezeichnet – als „kleinen Lumpen" also – lässt sich ganz einfach mit „Pfälzer Charme" erklären. Es sei nicht negativ gemeint, sondern „eher liebevoll", sagt zum Beispiel Rosemarie Mathes. „Die Karin un die Elke vun de Haßlocher Sparkass" bringen gar den Willen einer höheren Macht ins Spiel: „Den Guten und den Frommen lässt der Herr die Reste zukommen."

Doch so schön ist es nicht immer. Der Spruch kann auch auf eine weitere Pfälzer Sitte angewendet werden: Wer beim gemeinsamen Zechen, wenn das „Schobbeglas" die Runde macht, „es Stimbel" trinkt – wer also das Glas leert –, muss den nächsten Schoppen bezahlen. Dieses Finanzierungskonzept kann in weniger charakterstarken Kreisen dazu führen, dass selbst der Zecher mit dem bislang größten „Zug" angesichts des fast leeren Glases zum bescheidenen „Nipper" wird, der sich mit noch so leckerem Wein bestenfalls die Lippen benetzt, um noch ein winziges Restchen für den Tischnachbarn übrig zu lassen.

Auch Marianne Schöndorf aus Ludwigshafen gießt ein wenig Wasser in den Wein der Pfälzer Trinkseligkeit, wenn sie schreibt, nicht der Beliebteste bekomme den Rest eingeschenkt, sondern jener, der in feucht-fröhlicher Runde ohnehin schon am meisten gebechert habe. Jene Person also, die „ganz gern änner limbelt", wie Johanna Kripp aus Ludwigshafen anmerkt. An dieser Stelle rät „Saach blooß" zu genauerer sprachwissenschaftlicher Betrachtung: „Limble" bedeutet zwar wörtlich „kleine Mengen trinken", doch stellt der Pfälzer in Gedanken stets das Wörtchen „kontinuierlich" voran. Wer „die Nacht iwwer gelumbt hot", wie Johanna Kripp weiter schreibt, ist sich dagegen nicht zu schade, kontinuierlich auch größere Mengen Alkohols zu vertilgen.

Und so schließt sich der Kreis zum Pfälzer „Lump" oder „Lumbes", der laut Wilfried Haas aus Hochstadt und Rudolf Walther aus Großkarlbach nicht identisch ist mit dem hochdeutschen Lump. Das Wort werde vielmehr auch „als abschätzige Bezeichnung für eine allzu trinkfeste männliche Person" verwendet, für einen „Saufaus" eben. „Seller is en Lump, en Schnapslump sogar", pflegte die Großmutter von Manfred Bauer aus Ludwigshafen zu sagen, „dem derfscht nix bumpe un nix lehne, des kriggscht nimmi zurick, der hot soi ganzes Gerschdl verlumpt, der sauft sogar die Stumpe." Sein ungesundes Motto lautet: „Liewer die Gorgel verrenkt, als em Wärt was gschenkt."

„Lumbechores", „Lumbehund", „Lumbedier", „Lumbemensch" und „Lumbekrott" sind pfälzische Zusammensetzungen, die Wilfried Haas nennt, um die dunkle Seite des Pfälzer Lumpen noch etwas stärker zu beleuchten. Harmlos ist das „Limbel" nur, wenn damit der Tisch abgewischt wird, sagt Hans Estelmann. Ein kleiner Lappen wird nämlich ebenfalls so bezeichnet. Es kann allerdings passieren, dass dieser Wischlappen, beispielsweise vom Gastwirt, schwerlich zum Einsatz zu bringen ist: Wenn auf den Tischen die Zecher im Tiefschlaf liegen und schnarchen. „Zu viel des Guten" ist zwar kein Pfälzer Trinkspruch, aber immerhin eine wohlmeinende Warnung. Denn: „30 Stimbele machen ach fünf Schobbe."

Folge 108, erschienen am 26.10. 2007

„Raulich"

Bloß nicht schwach werden

Arme Hunde oder: Warum sich Pfälzern
manches Mal der Magen umdreht

Zum ersten Mal, seit es „Saach blooß" gibt, sah sich Hans Ehrhardt aus Gossersweiler-Stein gezwungen, „ein paar Telefona-
te zu führen", um dem Thema auf die Spur zu kommen. Fündig
wurde er in der Westpfalz. „Raulich? Wer soll dann so was kenne?" fragte die Großmutter von Manfred Bauer aus Ludwigshafen. Und Wilfried Haas aus dem südpfälzischen Hochstadt musste sich an die Zeit zurückerinnern, als er in der Nordpfalz lebte
(„Mir isses richdich raulich"). Doch so wechselhaft das Wort
„raulich" auch gedeihen mag: Es gibt sehr viele „Saach-blooß"-
Leser in den verschiedensten Ecken der Pfalz, die es (noch)
kennen – auch wenn die Grenzen zwischen Schulterzucken und
wissendem Armrudern so eigentümlich verlaufen wie bei kaum
einem anderen Wort, nach dem „Saach blooß" je gefragt hat.

Rudolf Walther aus Großkarlbach entsann sich zurück bis an
seinen ersten Dienstort als Junglehrer, um auf „raulich" zu stoßen. „Herr Lehrer, fangt die Schul for die Rauliche moje widder
speeder an?" – gemeint waren die schmalbrüstigen Erstklässer,
damals in Hundheim im Kreis Kusel. Doch im kaum sieben Kilometer von Großkarlbach entfernten Grünstadt ist das Wort bis
heute bekannt. Gisela Schumann wiederum musste sich bei ihrer Mutter in Acht nehmen, „wenn ihr raulich war", nur so erspar-
te sie sich Ungemach. Die Tochter weiß noch: „In der alten Zeit
beendete oft ein Schnaps diesen Zustand." Auch Wilfried Haas
kennt dieses Patentrezept aus der Hausapotheke: „Wann d' mer
mol e Schnäpsel neiduuscht, wer ich beschdimmt ball gsund!"

„Saach blooß" rät jedoch zur Vorsicht gegenüber diesem Lö-
sungsansatz. Heinz-Günter Grün aus Grünstadt hat nämlich festgestellt, dass die Beschreibung „raulich" sich auf das (schlech-

te) persönliche Befinden bezieht. Mögliche Ursachen seien „eine beginnende Krankheit" oder, siehe da: „reichlicher Alkoholgenuss". „Bauchschmerzen, Übelkeit, Erbrechen" sind die Symptome, weiß die heute in Fürth lebende Anneliese Schug, die „raulich" aus ihrem Heimatort Breitenbach im Kreis Kusel kennt. Armin Jung aus Mutterstadt fasst die Krankheitsbilder zusammen und erklärt: „Raulich bedeutet schlicht und einfach, dass einem elendiglich zumute ist."

Andrea Hager-Wernet, die es als Ostsaarländerin nach Neustadt verschlagen hat, wundert sich, warum Pfälzern bei „raulich" übermäßiger Weinkonsum in den Sinn kommt. Sie habe dabei „das Bild einer kleinen, armseligen, halb verhungerten und nicht sehr gepflegten Katze" vor Augen. Unterstützung findet sie bei der erst vor Kurzem aus dem Saarland eingewanderten Elisabeth Stumpf-Mackert aus Ludwigshafen, die „raulich" aus vielen Lebenssituationen kennt, in denen es „um mindere Qualität" gehe: „E raulisch Weibsmensch" sei „keine Schönheit", „e raulisches Fernsehprogramm" stehe für dürftige TV-Beiträge. „Ihr sinn Rauliche heit, eich gehert de Aasch verschlaa", liefert der im südwestpfälzischen Lemberg aufgewachsene Gerhard Knerr ein Beispiel, bei dem böse Buben „raulich" sind. Deren Taten können den Opfern bekanntlich tatsächlich auf den Magen schlagen. Und: „Was die Alde in ehrm ganze Lewe sesammegerammscht han, hott der raulich (oder raudich) Kerl in e paar Johr versoff", schreibt Klaus Hollinger aus Spirkelbach.

„Armselig, schwach, elend", fassen Gerhard Albert aus dem nordpfälzischen Göllheim und Doris Rittmann aus dem vorderpfälzischen Birkenheide die nur vordergründig sich widersprechenden Bedeutungen „raulich" zusammen. Die Beispiele „rauliches Plänzel" oder „eier raulich Hundche" von Walter Gundacker aus Hinterweidenthal führen uns übrigens – wie das bedauernswerte Kätzchen – zum möglichen Ursprung des Worts, wie ihn sich Klaus Hollinger vorstellen kann: „Raulich" könnte von „räudig" stammen, das wiederum von der Krankheit Räude, also der Krätze, abgeleitet ist. Gut, dass auch zwei gesund-

heitlich weniger heikle Vorschläge vorliegen: Laut Walter Gundacher könnte „raulich" mit dem mittelhochdeutschen Wort „ruwelich" für „reuig, betrübt" zusammenhängen. Klaus Juner aus Herschberg hält einen Bezug zum jiddischen „ra" für denkbar, das „schlecht" bedeute.

Wilfried Haas schließlich gibt noch zu bedenken, dass in der Pfalz statt „raulich" auch „lätschich" benutzt wird (wenn es um Schlappheit geht); und wenn die Komponente Schwindel hinzu komme, auch noch „schwummerisch". Womit wir fast schon bei dem schönen, wenn auch nicht pfälzischen Spruch sind: „Mir ist ganz blümerant!" Damit das nicht passiert, beschließen wir die Folge mit dem Rat von Liesel Drieß aus dem südpfälzischen Hochstadt, passend zu Thema und Jahreszeit: „Isch's draus mol raulich un wiescht, esch's Allerbescht, mär bleibt im Haus bisses wirrer besser esch."

Folge 109, erschienen am 15.11. 2007

„Miggeblätsch"

Bssssssssssss. Bssssssssssssssssssssss. Bssssssssssss.
Bssssssssssss. Klatsch! – Bssssssssssssssssss…

Das Kurzdrama bietet zwei Ansatzpunkte zur Interpretation:
Der Insektenjäger hat entweder schlecht gezielt oder er hätte
mal besser (statt die Zeitung zweckzuentfremden, wie von Jutta Meisinger aus Ramstein vorgeschlagen) die „Miggeblätsch"
nehmen sollen. Diese ist nämlich nicht nur ein perfektes „Gerät zum Totschlagen von Fliegen", wie Falk Rittig aus Grünstadt
schreibt, sie ist Teil eines eindrucksvollen Sprachphänomens,
wie über 50 Zuschriften zum Thema belegen.

Zunächst: Die „Blätsch" bezeichnet einen flachen Gegenstand (oft mit Griff), der zum Schlagen, Klatschen oder Klopfen
eingesetzt wird; Walter Gundacker aus Hinterweidenthal formuliert es so: „Wammer plätscht, macht's platsch." Wir haben es
also, wie Johanna Kripp aus Frankenthal erklärt, mit Lautmalerei zu tun: Wenn der Ball auf die Tennis-, Tischtennis- oder Federballblätsch trifft, entsteht ein platschendes oder klatschendes Geräusch. Dasselbe gilt für einen „Bauchplatscher" im
Schwimmbad (schreibt Germann Jossé aus Worms) oder für Applaus im Theater (schreiben Hans Kurt Graff aus Höhfröschen
und Kirsten Heppekausen-Metzger aus Obersimten). Es schwingen hochdeutsche Wörter mit wie „plätschern" (sagt Gisela Keller aus Zweibrücken) oder „plätten" und „platt machen" (sagen
Kurt Scherff aus Obrigheim und Bernhard Volz aus Grünstadt).
An die „Feuerpatsche" erinnert sich Wilfried Haas aus Hochstadt; diese sei während des Zweiten Weltkriegs Teil der Luftschutzausrüstung jedes Hauses in der Großstadt gewesen –
neben Wassereimer, Handspritze, Feuerdecke und Volksgas-

maske. Die „Blätsch" eröffnet also einen weiten Assoziations-
reigen, der in neun von zehn Fällen in der handfesten Erkenntnis mündet: Die „Blätsch" ist zum Zuschlagen da.

Aber aufgepasst: Während die Leser aus der Südwestpfalz
berichten, nach einer Aufführung werde „geplätscht" (also ge-
klatscht), und man könne eine Drohung aussprechen, die da
laute: „Du kriehsch glei de A... geplätscht!", sieht Bernd Held
aus Eisenberg das anders: „Komisch an dere ganze Bläddsche-
gschichd is awwer, dass mer (mit de Bläddsch) nedd bläddschd,
sondern schlaad orre badschd." Es gibt also auch bei diesem
schlagkräftigen Thema feine Unterschiede. Allerdings nicht zwischen Pfälzern und Bayern: Der Ausruf „Halt's Maul oder die
grieagst a Batsch'n (oder Watsch'n)" ist laut Rudolf Full aus
Haßloch hin und wieder bei unseren südostdeutschen Freunden zu hören, was doch eine verdächtige Nähe zur pfälzischen
Variante „Ich b(l)atsch der glei eenie!" offenbart.

Um wenigstens kurzzeitig von der rohen Gewalt loszukom-
men, wollen wir uns den Zusammensetzungen zuwenden. Viele Leser erinnern sich an die „Fasnachtsblätsch", Wilfried Haas
aus Hochstadt zufolge „ein buntes, langes Stück Karton in Zieh-
harmonikafaltung", das zum Bajass-Kostüm gehörte. Damit wurden, schreibt Joachim Lehmler aus Ludwigshafen, zwar durchaus Schläge ausgeteilt; allerdings nicht als Ausdruck von Ag-
gressivität, sondern schlicht zum Zwecke der Kontaktaufnah-
me. Doris Steuerwald aus Eisenberg zum Beispiel hat vor 50
Jahren am Rosenmontag die Männer „mit de Fasnachtsblätsch"
zum Tanz aufgefordert – nach dem (von „Saach blooß" frei er-
fundenen) Motto: Was sich liebt, das „blätscht" sich.

Vielen Lesern ist die „Meschtplätsch", also die Mistklatsche,
im Gedächtnis geblieben. Laut Hans Ehrhardt aus Gossersw-
ler-Stein (Zitat: „Der hot e Zung wie e Meschtblätsch") ist das
ein großes Brett mit Stiel, mit dem das Tierprodukt auf dem
Transportwagen „festgeblätscht" wurde – was wiederum zu einer geruchsintensiven Erinnerung führt, die er mit Hans Kerker
aus Hohenöllen, Otto Zimniak aus Neustadt und Margot Schmid
aus Sippersfeld teilt.

Miggeblätsche

Es sind auffällig häufig Erinnerungen an lange Vergangenes, die beim Thema „blätsche" aufkommen. Was sich mit der Einschätzung von Manfred Bauer aus Ludwigshafen deckt. Er sagt, nahezu alles, was mit „blätsche" zusammenhängt, sei längst passé: „Statt mit der ‚Miggeblätsch' schlägt man heute mit der chemischen Keule zu, wer das Tennis-Racket als ‚Blätsch' bezeichnet, outet sich damit als unverbesserlicher Hinterwäldler, das Kasperle (mit seiner ‚Blätsch‘) heißt heute Spiderman, ‚Fasnachtsblätsche‘ sind als chinesisch-giftige Spielzeuglaserpistolen im Einsatz ‚un de Hoiner, wu so gern Kaarde geblätscht hot, schdeht heitzudaachs am Schbielaudomat unn verfittert em soin Zahldach.‘"

Lange her, aber unvergessen sind vielen Lesern auch die Besuche bei der „Kaadeblätsch": der Wahrsagerin. Wie Rosemarie Mathes aus Germersheim oder Walter Ruffler aus Ludwigshafen denken sie dabei an die Zeit nach dem Zweiten Weltkrieg, als verzweifelte Frauen zur „Kaadeblätsch" gingen, um etwas über das Schicksal ihrer Angehörigen zu erfahren. Während die Wahrsagerin die Karten mehr oder weniger vorsichtig, um nicht zu sagen melodramatisch, auf den Tisch legt, werden sie von Skat- oder Schofkoppspielern tatsächlich auf den Tisch geknallt – was der meist männlichen Freizeitbeschäftigung die Bezeichung „blätsche gehe" eingebracht hat, schreibt Ruth Strauch aus Zweibrücken.

Wie zum Ausgleich werden in der Regel weibliche Personen als „Dorfblätsch" bezeichnet, sagt Kurt Durk aus Mechtersheim: Wenn sie reden wie ein plätschernder Wasserfall und sie dabei einen Elefanten machen – aus einer Mücke. Oder, um es mit Wilfried Haas zu sagen: „Die Kaddel, die ald Blätsch, die heerd emol widder die Flee huschde." „Saach blooß" meint dazu nur: In beiden Fällen würde die „Miggeblätsch" mehr Erfolg versprechen. Oder wenigstens Regen, der auf die Straße „blatscht" und nebenbei auch alle lästigen Flügelflitzer vertreibt und die „Dorfblätsche", die auf der Straße „retschen", gleich mit.

Brechen wir die Debatte hier mal ab, bevor wieder jemandem in den Sinn kommt, die Zeitung oder gar dieses Buch zum Fliegen- oder Flöhejagen zu verwenden. „Saach blooß" warnt: Denken Sie gar nicht erst dran!

Folge 110, erschienen am 7.12. 2007

„Bossler"

Im Land der Alleskönner

Leben im Hobbykeller oder: die Einsamkeit des Bastlers

Frauen wissen es schon lange: Männer sind Helden. Helden der Arbeit. Wenn es um Arbeit geht, die Männern Spaß macht. Und wenn diese Arbeit einen langfristigen Aufenthalt in der Abgeschiedenheit einer Garage, eines Speichers oder Hobbyraums verspricht. Mutter an Sohn: „Fritz, schdeer de Vadder net, der bosselt im Keller schun schdunnelang an deinere Eisebaa rum." Die Einsendung von Wilfried Haas aus Hochstadt trifft den „Bossler" in seinem Kern: Es geht um Einsamkeit, um stille, kreative, spielerische Beschäftigung, um die kleine Welt der Tüftler und Stegreifkünstler, sagen Jutta Meisinger aus Ramstein und Rigobert Weber aus Speyer.

„Da gibt's keine handwerkliche Aufgabe, die der Mann nicht mit Begeisterung angeht und mit großer Geduld zu Ende führt", schwärmt Ottilie Rieder aus Deidesheim. Auch Ruth Strauch aus Zweibrücken ist begeistert: „Bossler", sagt sie, werfen ausgemusterte Apparate auf keinen Fall weg, ohne sie gründlich untersucht zu haben. Es könnten ja Teile noch zu gebrauchen sein. Aus diesen Teilen werde dann – oh, männliche Schöpfungskraft! – „etwas Neues gebosselt".

Bertram Steinbacher aus Lingenfeld hat festgestellt: „Än Bossler isch de intelligentere Bruder vum Fuddler" (Mehr zum „Fuddler" finden Sie im Buch „Saach bloß 2"). „De Fuddler prowiert immer widder un kummt aa mol zum Ziel, awwer der Bossler wääß genau, was er braucht, um des zu mache, was er sich vorgenumme hot – un er kummt planmäßig zum Ziel."

Zeit für ein bisschen Widerspruch. Der Ehemann von Sandra Schwab zum Beispiel ist häufig „am Bossle", wie die Ludwigshafenerin erzählt. Nur hat sie festgestellt: „Des muss net wirklich zielgericht soi, des kann ach irgendwas werklich Usinniges

„De Eicheen? Der huggt draus un bosselt rum."

soi." Hans Estelmann aus Böchingen sieht's ähnlich und führt uns zurück zur Modelleisenbahn. Zitat Ehefrau: „Mein Alte esch änn alter Bossler. Er tut an de Kinner ehre Eisebah rummbossle, bis se kaputt esch." Hans Ehrhardt aus Gossersweiler-Stein hat eine Dialektik entwickelt. These: „Das esch en Bossler, der kann grad alles." Antithese: „Was du do gebosselt hoscht, nämmt noch nit emool de Sperrmill mit." Synthese: Des Mannes mutmaßliche Fertigkeiten bieten Raum für Diskussionen – und für vieldeutige Aussagen wie die von Manfred Bauer aus Ludwigshafen: „Meist ist ja nicht der ultimative Fachmann am

Werk." Immerhin hat der „Bossler" Grips, wie in der Geschichte von Stepps und Hans Trapp, die Klaus Juner aus Herschberg kennt. Die beiden Originale helfen beim Mauern eines Gartenhäuschens. Nach getaner Arbeit sagt „Stepps": „Hans, geh du eninn es Geld hole, ich halt' so lang die Mauer."

Eine relative Mehrheit der Leser hat die Erklärung „zammegebosselt", „bossle" hänge mit dem hochdeutschen „basteln" zusammen (so „die Karin un die Elke vun de Haßlocher Sparkass": „En Bossler isch en Baschdler", der „aus nix ebbes zammeknoddelt.") Drei Leser stellen den Bezug zu „puzzeln" her, einige – wie Walter Gundacker aus Hinterweidenthal und Heinz Wolfert aus Beindersheim – verweisen aufs mittelalterliche „bozeln" für „klopfen, schlagen". Dieses Wort habe sich bis heute im Steinmetzhandwerk erhalten, sagt Lothar Braun aus Bellheim. Und: Es hängt möglicherweise mit dem umgangssprachlichen französischen „bosser" für „arbeiten, ackern" zusammen. Womit wir wieder bei den Helden der Arbeit wären, diesmal allerdings bei eher anstrengenden Tätigkeiten.

Apropos Anstrengung: Vier Leser erinnern sich, dass „bossle" früher auch im Sinne von „ein Kind zeugen" gebraucht worden sei: „Habbd ehr zwää ebbes gebosselt, du unn dein Freund?", lautet in einer Geschichte von Ludwig Hutzelmann aus Schifferstadt die neugierige Frage einer Nachbarin. Antwort: „Was hääßt do gebosselt? Mer hänn prowiert un glei gekännt." Doch nicht immer ging es so geradeheraus zu. Der Leser erinnert sich auch an die Zeiten, als es noch keine Einwegbinden gab und die Frauen Monatsbinden aus saugfähigem und vor allem waschbarem Stoffgewebe benutzten. Einmal im Monat wurden diese auf die Wäscheleine zum Trocknen ins Freie aufgehängt. Mit der Folge, dass alle Nachbarn anhand der Bestückung der Wäscheleine feststellen konnten, ob und wann es in der näheren Umgebung „unvorhergesehene Änderungen im täglichen Leben" gab, formuliert es Ludwig Hutzelmann. Diese Information habe natürlich sofort die Runde im Dorf gemacht: „Habt er schunn g'sehe? Die hänn bschdimmd ebbes gebosselt." – Gewusst wie.

Folge 111, erschienen am 21.12. 2007

„Bäbbel", „Brabbel", „Babberatsch"

Das kümmert uns einen Dreck!
Schmierig, klebrig, schmutzig: die Pfälzer und der Matsch

„Saach blooß" hat zum Jahreswechsel eine Grenzerfahrung gemacht. Wir wissen jetzt, dass es in der Pfalz Matschgrenzen gibt, oder anders ausgedrückt: Schlammlinien. Dabei handelt es sich keineswegs um Folgen eines Erdrutschs, sondern um ein Sprachphänomen, das für Verwirrung – oder Heiterkeit – sorgen kann.

„Bäbbel, na das klingt ja niedlich", kommentiert Jutta Meisinger aus Ramstein die jüngste Frage, „solch ein Wort kann doch nur von unseren weinseligen Nachbarn kommen", den Südpfälzern. Dort seien die Winter milder, mutmaßt sie, was bei Tauwetter dazu führe, dass die Vorderpfälzer auf ihren Straßen harmlosen „Bäbbel" vorfinden, während das hartnäckige Zeug in der Westpfalz als „Brabbel" und „Babb" bezeichnet werde – oder gar als „Baberratsch", wie Klaus Hollinger aus Spirkelbach und Inge Schornick aus Ludwigshafen ergänzen.

Dass „Saach blooß" angesichts solcher Vielfalt nur nach dem „Bäbbel" gefragt hat, war natürlich ein Fauxpas, ein Griff in den Matsch sozusagen. Die Großmutter von Manfred Bauer aus Ludwigshafen ließ uns das mehr oder weniger durch die Blume spüren: „Ich kann dodemit nix afange", lautet ihre Meinung zu „Bäbbel", „die määnen wahrschoinlich Babs odder Brabbel odder Batsch odder feichte Klumpe an de Fieß."

Fakt ist: Die Sache wird mal wieder komplizierter als vermutet. Denn nicht nur West- und Südpfälzer sprechen das Wort für „nassen Dreck" (Übersetzung von Liesel Dries aus Hochstadt) unterschiedlich aus. Es gibt auch eine vorderpfälzische Differenzierung: „Do simmer unner annerem genau an de a-ä-Grenz", sagt Bertram Steinbacher aus Lingenfeld. In seinem Wohnort heißt es: „Der steht newerm Baam im Babbel", während es ein paar Steinwürfe entfernt in Westheim so klingt: „… newerm

„Der war's!"

Bääm im Bäbbel." Dass keine 20 Kilometer entfernt ein typischer Landauer „newerm Baam im Bäbbel" stehen würde, macht die Sache auch nicht wirklich einfacher.

„Im Hochdeutschen ist kein ähnliches Wort zu finden", stellt Joachim Lehmler aus Ludwigshafen fest, der wie eingangs Jutta Meisinger die verschiedenen Klangvarianten in Beziehung setzt zu der Konsistenz des Materials: „Bäbbel" oder „Babbel" sei der normale Durchschnittsmatsch. Wenn er etwas dünnflüssiger sei, werde er als „Bäbsel" bezeichnet, „Brabbel" schießlich sei die kräftigste Version.

Keine Frage: Wir haben heute nicht nur ein schwieriges, sondern auch ein schmieriges Thema gewählt. „Das Wort kommt von Babb – Kleister, Leim, Klebstoff", sagt Wilfried Haas aus Hochstadt und ist sich darin mit „de Karin un de Elke vun de Haßlocher Sparkass" einig: Wie auch immer das Wort nun exakt laute, „ganz sicher ist es weich un babbt". Die Zusammensetzungen „Babbsagg" (für einen ungepflegten Mann) oder „Babbdruschel" (für eine ebensolche Frau) belegen das ebenso nachdrücklich wie die Beschreibung einer Person, die man einfach nicht mehr los wird: „Der/die isch wie es babbich Gutsel." Über die Klebewirkung des „Bäbbel" gehen die Meinungen allerdings weit auseinander. Walter Gundacker aus Hinterweidenthal schreibt: „Mann, zieh mol dein babbicher Kittel aus! Wammer dich an die Wand schmeißt, bleibschd hänke" (also: große Haftkraft). Gottfried Scherrer aus Berg kennt aus der Maurerzunft dagegen eine ganz andere Redensart: „Ich habb de Bäbbel mit de Kell an die Wand gschmisse, un er isch grad widder runnergeritscht" (also: schwache Haftkraft).

Wie auch immer das Wort wo auch immer in der Pfalz nun heißt: Immer gleich sind die Geräusche, die Matsch macht. „Wann de neibadschd, machds ‚quadsch' (oder klatsch)", hat Rudolf Walther aus Großkarlbach festgestellt. „Bäbbel ist Brei, der klatscht, wenn man draufhaut", meint Reinhard Hartmann aus Kaiserslautern.

Alle Sprachgrenzen verschwimmen vollends, wenn wir das Pfälzer Kinderwort für Schlamm betrachten: „Noch bevor wir als Kinder richtig sprechen konnten", schreibt Lothar Braun aus Bellheim, „war das Wort Bäbä der Renner" – der „Bäbbel" für Anfänger sozusagen. Dass „Bäh!" auch als „Igitt!" übersetzt werden kann, muss nicht weiter stören. Hans Estelmann zum Beispiel spannt den Bogen zu den notorischen TV-Kochsendungen: „Wann ich manchmol sään, was die farrn Bäbbel zammerieren, vergeht mar de Appetit." „Saach blooß" rät für diesen Fall, sich ganz gelassen auf einen alten Pfälzer Standpunkt zum Thema „Bäbbel" zu stellen, der da lautet: „Dreck macht Speck!" (siehe Seite 140)

Folge 112, erschienen am 17.1. 2008

„De Vord'l raus hawwe"

Täuschung, Trick 17, Talent …
Auch in der Pfalz führen viele Wege nach Rom

Soll niemand sagen, Pfälzer wüssten Spezialbegabungen nicht zu schätzen. Für Menschen, die es „durch Übung und angeborenes Geschick zu Bestleistungen bringen", wie Rudolf Walther aus Großkarlbach es nennt, haben die Pfälzer sogar einen eigenen Spruch geprägt: „Der hot de Vord'l raus!" heißt es anerkennend, wenn jemand außergewöhnliche Fertigkeiten an den Tag legt – zum Beispiel beim Kartoffelschälen, Knödelrollen oder Kegeln; wenn „es Kätche in äner Woch zwää Pullower schdrigt" (eingeschickt von Wilfried Haas aus Hochstadt); wenn der Genießer erkennt, „was die Lore fa gute Zimtschtern macht" (von Ottilie Rieder aus Deidesheim) oder wenn einst der Onkel von Ludwig Hutzelmann aus Schifferstadt einen widerspenstigen Ochsen mit „Trick 17" ins Schlachthaus führte: Er drehte dessen Schwanz an der Wurzel um 180 Grad. Autsch!

Wir lernen: Das Leben ist grausam, aber gerecht, weil es jenen einen Vorteil verschafft, die sich zu helfen wissen. „Alla, vielleicht hab' ich de Vord'l raus un bin widder in de Zeidung un annere net", schreibt Inge Schornick aus Ludwigshafen geradeheraus. Sie hat sich ihre Erwähnung in dieser Folge erarbeitet, indem sie den Spruch ins Hochdeutsche übersetzte: „Er (oder sie) hat den Bogen raus" (man könnte natürlich auch sagen „den Dreh raus", wie Doris Rittmann aus Birkenheide hinzufügt).

Wir halten fest – mit den Worten von Elvira Schott-Szopinski aus Neustadt: „Den Vord'l raus" hat, „wer eine kniffelige Tätigkeit sehr geschickt und noch dazu schnell ausführen kann." Und weil 2008 das Jahr der Mathematik ist, wollen wir ein anspruchsvolles Beispiel von Joachim Lehmler aus Ludwigshafen heranziehen: Die Aufgabe „45 mal 9" lasse sich relativ aufwendig lösen, meint er, indem man „40 mal 9" und „5 mal 9" ad-

Der hot de Vord'l raus.

diere. Rechne man aber flugs „45 mal 10" (450 – ohne zu über-
legen) und ziehe davon „1 mal 45" ab, „dann kennt mer saache, dass des mit Vord'l gschafft is". Das Rechenzentrum von
„Saach blooß" hat es getestet: Lösung B geht tatsächlich drei
Minuten schneller (kleiner Scherz unter Zahlengegnern).

Dass „Vord'l" mit hochdeutsch „Vorteil" korrespondiert, darüber sind sich alle Einsender einig. „Aber es ist keineswegs so,
dass ‚Vord'l' die mundartliche Version des hochdeutschen Wortes wäre", stellt Ottilie Rieder klar (die beim Tippen des Briefs
gemerkt hat, dass sie auf der alten Schreibmaschine nicht unbedingt „de Vord'l raus hot"). „Vorteil" im hochdeutschen Sinn
– also: Gewinn, Nutzen, Vorzug, Überlegenheit – werde auf Pfäl-

zisch nämlich zu „Vordääl", nicht zu „Vord'l". Beispiel: „Wer e frechi Gosch hot, isch blooß dann im Vordääl, wann er ach schnell renne kann." Die Bedeutung von „Vord'l" hat sich gegenüber „Vorteil" verengt zu „Erfolg durch Geschick".

„Damit wird der Träger dieses ‚Vord'l' aber noch lange nicht zum Universalgenie", beleuchtet Manfred Bauer aus Ludwigshafen die Spezialbegabten kritisch: „Es gibt unzählige Murkser, Krauter, Futtler, Bossler, Wuchtl, Dollbohrer, die meischdens nix Verninfdisches zuschdand bringen als bloß dort, wo se de Vord'l raus hawwen." Als Beispiel nennt er den verstorbenen Ex-Schachweltmeister Bobby Fisher: „Im Schach en unhoimlicher Vord'l, sunscht awwer eher en Hannebambel."

Einige Leser glauben gar, beim „Vord'l" gehe es überhaupt nicht um lobenswertes Geschick, sondern um fragwürdige Trickserei. Wer den „Vord'l raus" hat, sei ein Spitzklicker, sagt Adolf Nußbauer aus Lingenfeld, der drehe sein Fähnchen nach dem Wind, meint Doris Rittmann, der tue nur das, „was für ihn selbst am besten ist", erklärt Jutta Meisinger aus Ramstein.

Halten wir fest: Gemeinsam ist allen „Vord'l-raus-habern", dass ihnen, wenn sie eine Fertigkeit perfektioniert haben, niemand vorwerfen wird: „Stell dich nit so dabbisch dra", meint Herbert Schneider aus Diedesfeld. Denn die Pfälzer erkennen in jedem Fall an: Der Mann (die Frau) „hot's druff", sagt Erich Hoffmann aus Neupotz, oder mit den Worten von „de Karin un de Elke vun de Haßlocher Sparkass": „Der hot's geriss'."

Folge 113, erschienen am 15.2. 2008

„Gadding(s)"

Sitzt, basst, wackelt ...
In der Pfalz kommt zusammen, was zusammengehört

Liebe Leserinnen und Leser, wir hoffen, es passt Ihnen, dass Sie an dieser Stelle eine weitere Folge von „Saach blooß" lesen können.

Falls Sie sich jetzt wundern, warum wir so blöd fragen: Wir tun das nicht, weil „Saach blooß" über Nacht in Selbstzweifel verfallen oder einem Anfall von Bescheidenheit erlegen wäre. Wir fragen so scheinheilig, weil's zum heutigen Begriff passt. „Des is gaddings, dass du grad kumscht", sagen zum Beispiel „die Karin un die Elke vun de Haßlocher Sparkass", wenn sie ausdrücken wollen, dass ihnen Besuch – wie der von „Saach blooß" am Frühstückstisch – gerade recht kommt. Oder nehmen wir „es Tante Malche" von Edith Merckel aus Bad Dürkheim: „Dess is mer so schä gatting", sagte die alte Dame stets, wenn ihr etwas, sagen wir es auf Neudeutsch – „richtig gut reinlief".

„Gadding(s)" ist ein pfälzisches Wohlfühlwort. „Unter ‚gaddings' versteht man gemeinhin das Richtige, das einem in einer konkreten Situation auf den Punkt genau gelegen kommt", sagt Klaus Kronibus aus Enkenbach-Alsenborn, und Wilfried Haas aus Hochstadt liefert die hochdeutschen Entsprechungen gleich im Achterpack: „brauchbar, tauglich, günstig, tüchtig, wacker, wirksam, passend, gut". Es wird einem wohlig warm ums Herz.

„Gadding" taugt für viele Lebenslagen. Hans Ehrhardt aus Gossersweiler-Stein zum Beispiel kommt beim Anblick eines Sportflitzers ins Träumen: „Des Minikuberle esch sou gadding, dass ich meer es liebschd äns kääfe deet." Aber auch aus dem Alltag eines „Bosslers", also Bastlers und Heimwerkers, ist das Wort nicht wegzudenken: „Geb mer mol die Schbrieß (die Lat-

„Aahh, des esch gaddings!"

te), die iss grad gaddings for den Aschd abseschditze", schreibt Rudolf Walther aus Großkarlbach. Und Joachim Lehmler aus Ludwigshafen hat das Wort nach langer Recherche unter anderem in Iggelheim aufgespürt: „Der Axtstiel liggt em so richdich gadding in de Hand."

Auch bei der Frage nach dem Ursprung des Worts flutscht es: Marlies Moos aus Frankenthal verweist auf die Baumwollspinnerei. Da werde aus verschiedenen Sorten eine gleichmäßige Masse „gattiert". Der Duden meldet, beim „Gattieren" würden Ausgangsstoffe für Gießereiprodukte fachgerecht gemischt.

„Basst scho", könnte „Saach blooß" jetzt auf gut Bayerisch sagen – wenn es da nicht eine viel romantischere Erklärung gäbe.

Nähern wir uns der Sache gaaaanz vorsichtig, wie Pfälzer nun einmal sind, mit ein paar Anwendungsbeispielen: „Ich wääß e gadding Fraa for dich" (eingeschickt von Inge Schornick aus Ludwigshafen); „Dess Märe weer gaddings for unsern Schosch – wanner sich norre draue deed" (von Rudolf Walther); „Du Karl, es Owwermillers ihr Friedel wär fer dich zum Heirade doch so richdich gadding!" (von Wilfried Haas). Das zeigt: Pfälzerinnen und Pfälzer sind mit ganzem Herzen dabei, wenn es um Liebesangelegenheiten ihrer Mitmenschen geht – ob das den Mitmenschen nun passt oder nicht.

„Des is awer emol e gaddeng Pärche", kuschelt sich Klaus Juner aus Herschberg ein Stück weiter an die Lösung heran und verweist auf den alten jiddischen Begriff für „wohlgestaltet, passend, gefallend". Und da wir nun endlich bei glücklichen Paaren angelangt sind, ist der Schritt zu den Wörtern „Gatte" und „Gattin" nicht mehr weit. Rudolf Walther erklärt die Entwicklung so: „Macht man die Konsonantenverschiebung von ‚t' zu ‚d' rückgängig, so kommt man zu ‚gatting' und damit (…) zu den Gatten – einem Menschenpaar, das zumindest in der Idealvorstellung in jeder Hinsicht genau zueinander passt." Im Mittelalter gab es nämlich das mittelhochdeutsche Verb „gaten" für „zusammenfügen", wie ein halbes Dutzend Leser berichtet. Und geht man zurück bis zum Althochdeutschen, so kommen neben den Lebensgefährten sogar noch die Wörter „guot" für „gut" und „gaitling" für „Genosse" ins Spiel. Wobei man bei Letzterem in der Regel tatsächlich davon ausgehen kann, dass er und seine Mitgenossen zusammenpassen, ergo: harmonieren – die SPD gab es damals ja noch nicht.

Nach dieser perfekten Herleitung bleibt „Saach blooß" nur noch eines, und zwar die Kommentare von Ruth Spieß aus Kirchheim und Bernhard Gabauer aus Ludwigshafen: „Sitzt, basst, (wackelt) un hot Luft!" Oder: „Wann's basst, dann basst's!"

Folge 114, erschienen am 14.3. 2008

„Schlahms"

Auf der schiefen Bahn

Die Pfalz hat ein wunderschönes Wort fast vergessen

Sind Sie bereit für einen kleinen Test? – „Machen Se mer blooß kä Fissemadende!", liebe Leserinnen und Leser, und, bittebitte, „stellen Se sich nit so iwwerzwerch aa!"

Haben Sie was gemerkt?

Genau: Nach dieser Einleitung mussten Sie einfach weiterlesen. Ihr Unterbewusstsein hat Sie Wort um Wort verschlingen lassen und nun brennen Sie darauf, was wohl kommen wird. Der Trick ist einfach: Es gibt ein paar Schlüsselwörter, mit denen man zwischen Rhein und Saar nahezu jeden in den Bann ziehen kann, egal, wie oft man sie schon gehört hat. Mit „Fisimatenten" („dummes Zeug") und „überzwerch" („überdreht", „umständlich") trifft man die Pfälzer am Sprachnerv (wie im Buch „Saach blooß", Folgen 7 und 34, nachzulesen ist). Und das, obwohl die Wörter auch fernab der Pfalz verbreitet sind.

Dann machen wir mal den Gegentest mit „schlahms".

„Wie bitte?" oder ein gediegen pfälzisches „Hä?" dürften jetzt noch die harmloseren Reaktionen sein. Denn mit dem wunderschönen pfälzischen Wort kann kaum jemand etwas anfangen. Zum allererrsten Mal in all den Jahren, seit es „Saach blooß" gibt, haben regelmäßige Mitmacher offiziell kapituliert und sich für diese Folge persönlich abgemeldet – weil sie dem Wörtchen nicht auf die Spur gekommen sind.

Doch siehe da: „Schlahms" zuckt noch – immerhin haben es sowohl die Kallstadter Landfrauen als auch Klaus Kronibus aus Enkenbach-Alsenborn zur Erörterung vorgeschlagen. „Das Wort kenne ich von meinem Großvater", schreibt Claus Bletzer aus Friedelsheim. „Wenn wir in den Nachkriegsjahren mit dem Ochsengespann in den Wald fuhren und der Weg ging nur leicht oder mäßig bergauf, dann sagte er: ,Es geht schlahms berg-

... schlahms de Berch nuff ...

nuff.'" Mit dieser Bedeutung steht das Wort auch im „Pfälzischen Wörterbuch" neben „schlamsen" für „sich neigen", „schief sein". Heinz Wolfert aus Beindersheim ist von „schlahms" geradezu begeistert, weil es buchstabenarm und vielseitig verwendbar sei. Es beschreibe nicht nur einen sanften Anstieg („so ganz schlahms de Berg nuff") , sondern auch Menschen, die „langsam, behäbig, träge oder schwerfällig" (unterwegs) seien: „Der is so ganz schlahms doher kumme", man hätte ihm also, während er lief, die Schuhe besohlen können. Wir sehen die Pfälzer Schnarchtüte regelrecht vor uns.

„Des is doch a nor so en Schla(h)me!", liefert Rudolf Walther aus Großkarlbach ein Zitat, das er im Donnersbergkreis gehört hat. Gemeint sei damit „ein Mannsbild", dem es völlig an männlicher Strahlkraft gebricht, ein Kerl, „mit dem nichts anzufangen ist" – ein „Labbeduddel", „Hannebambel" und „Hosseloddel" also (mehr dazu im Buch „Saach blooß 2"). Es kann aber auch Frauen treffen: „Des esch velleicht ä schlahms Weibsstick", lautet ein Anwendungsbeispiel, das Elke Wildberger aus Offenbach-Hundheim eingeschickt hat, samt möglicher Erklärung, wie das Wort entstanden sein könnte. Die beschriebene Frau sei wohl „arsch (also: „arg", nicht was Sie jetzt vielleicht denken) langsam". Man könnte auch sagen: „arsch lahm". Wer diese Wörter zusammenzieht und das „ar-" streicht, der landet, siehe da, bei „schlahm".

Diese ebenso kreative wie sprachwissenschaftlich vollends unhaltbare Argumentation macht „schlahms" zum Paradebeispiel eines anschaulichen Dialektworts, das es einfach nicht verdient hat, aus dem Sprachgebrauch zu verschwinden. Und doch lassen die Pfälzer „schlahms" einfach links liegen. Ob es daran liegt, was Rudolf Walther herausgefunden hat? „Schlahms" soll sprachgeschichtlich mit Wörtern wie „Schlamm" und „schlimm" in Verbindung stehen. Sollte die Missachtung des Worts wirklich darin begründet liegen, wäre das jedenfalls ganz schön kleinlich von den Pfälzern.

Die können sich ein Beispiel nehmen an den Franken. Helmut Renz aus Ansbach, in der Pfalz nur auf ein Wort zu Gast, berichtet nämlich, in Feuchtwangen sei „schlääms" in der Bedeutung „schräg" durchaus noch bekannt: „Die Post is glei schlääms nieber", heißt es dort. Und der Weg von „schräg" zu „sanft ansteigend" ist doch wahrhaftig kürzer als der von Franken in die Pfalz. Was bedeutet: Es gibt noch Hoffnung für „schlahms".

Folge 115, erschienen am 4.4. 2008

„De Mais gepiff(e)"

Das Pfeifen im Walde

Von Mäusen und Menschen oder:
die Pfälzer und die Vergeblichkeit allen Strebens

Du pfeifst auf dem letzten Loch! Du Pfeife! Ich pfeif' drauf! Du
tanzt nach meiner Pfeife! – Man kann nicht behaupten, es herr-
sche ein Mangel an Redewendungen, die sich ums Pfeifen drehen. Zu allem Überfluss hat „Saach blooß" noch eine erfunden. Nach „Des esch in de Mais gepiff(e)" hatten wir in der
jüngsten Folge gefragt und dabei vermutet, der Spruch handle-
le von Tönen, die ungehört im Maisfeld verhallen. Weit gefehlt,
wie zahlreiche Leser den Pfeifen von „Saach blooß" mitgeteilt
haben. Es geht nämlich um Nagetiere. Wilfried Haas aus Hochstadt lieferte – quasi zur Ehrenrettung – die Erklärung für unseren Fauxpas: „Im Pfälzischen gibt es die Doppellaute äu und
eu in der Aussprache nicht." Mit der Folge, dass sich die Worte „Mais" und „Mäuse" im Pfälzischen exakt gleich anhören.
Es ist also Nachdenken gefordert vorm Reden und Schreiben.
Da beißt die Maus keinen Faden ab.

„Bei uns hääß des: Des esch de Mais gepiffe", sagt kurz und
knapp Elke Plass-Mackensen aus Niederkirchen. Damit werde
ein unnützes, überflüssiges, von vornherein zum Scheitern ver-
urteiltes Unterfangen beschrieben. Hans Ehrhardt aus Gossersweiler-Stein, ebenfalls verblüfft von unserem Mais-Mäuse-Mix,
nennt als Beispiel: „Dass bissel, wu ich vunn de Nannelbas geerbt häbb (frei übersetzt: von Cousine Johanna), esch de Mais
gepeffe."

Friedlinde Kreiter aus Kaiserslautern kennt die Redensart
von ihrer Mutter, und zwar als Antwort auf die Frage, ob noch
genug Brot im Haus sei. „Es isch grad fer die Mais gepiff" habe
bedeutet: Es reicht weder hinten noch vorne. „Als Kind habe
ich mir vorgestellt, dass man die Mäuse herbeipfeifen könnte,

Vergebene Liebesmüh – des isch de Mais gepiffe.

um die restlichen Krumen zu fressen." Man kann aber auch argumentieren: „Die Mäuse sind eben da und machen, was sie wollen." So erklärt Wolfgang Meiler aus Neustadt, warum die Nager nicht auf akustische Kommandos reagieren. Wer ihnen doch pfeift, der „hot fer nix gschafft" oder „deneweglangt", also (neudeutsch) ins Klo gegriffen. Das passt zwar nicht mit der Geschichte des Rattenfängers von Hameln zusammen, der als Pfeifer sehr erfolgreich war, aber vielleicht hören Mäuse ja schlechter als Ratten. Wer weiß.

Es ist jedenfalls die Vergeblichkeit aller Bemühungen, die sich im heutigen Spruch niederschlägt. „Des konnschd in de

Wind schieße, in de Peif raache, durch de Konnel blooße", liefern „die Karin un die Elke vun de Haßlocher Sparkass" einige Entsprechungen. „Des isch so gut wie em Ochs ins Horn gepetzt", erinnert auch Liesel Drieß aus Hochstadt an eine Redewendung mit derselben Bedeutung – was alles in allem die Vermutung nahelegt, dass Sturheit und Beharrungsvermögen zu den Grundfesten des pfälzischen Charakters gezählt werden dürfen.

Mit diesem haben sich auch die Viertklässer der Grundschule Steinweiler befasst, die den „Saach-blooß"-Aufruf im Unterricht durchgenommen haben. „Wir würden uns freuen, wenn wir in der Zeitung stehen würden", schreiben Marc Nikolaus und Manuel Oberacker. Sie haben für „de Mais gepiff" die Erklärung geliefert: „Es war alles umsonst." Der Unterricht war's nicht, denn auch Rouven, Hendrik, Patrick, Tamara, Vanessa, Isabel und Jasmin haben den Pfälzer Spruch übersetzt: „Das taugt nichts", „Es nützt nichts", „Das kannst du vergessen". Jenny und Adrienne hatten sogar einen Einfall, was es bedeuten könnte, wenn die Pfälzer doch ins Getreidefeld (und nicht, wie alle glauben, den Mäusen) pfeifen würden: „Wenn man dem Mais sagt, er soll schneller wachsen, tut er es nicht." Man könnte auch sagen: „Peifedeckel!"

Also hatte „Saach blooß" doch (fast) recht. Dem Herrn sei's getrommelt und gepfiffen.

Folge 116, erschienen am 25.4. 2008

„Worgse"

Mit Hängen und Würgen

Wenn sich den Pfälzern der Magen umdreht

„Worgse – ein wunderbares pfälzisches Wort?" Jutta Meisinger aus Ramstein ist nicht einverstanden mit der Fragestellung in unserer jüngsten Folge. Sie schreibt: „Bei mir dreht sich alleine vom Klang automatisch der Magen um." Womit wir direkt beim Thema sind: „Worgse tritt meist dann auf, wenn sich sieben Schoppen Mußbacher Eselshaut und eine Doppelportion Lewwerknepp mit Kraut unn Brot mit zu viel Magensäure um den Platz streiten", berichtet Manfred Bauer aus Ludwigshafen. Noch konkreter wird Klaus Juner aus Herschberg: „Wann de weiter so worgse duschd, fallt der noch es Esse aus em Gesicht." Noch Fragen offen?

Zugegeben: Das heutige Thema ist heikel, denn es ist unappetitlich. Doch das scheint die Pfälzer nicht zu stören. Im Gegenteil. Es sind rekordverdächtig viele Zuschriften eingegangen, die sich mit dem pfälzischen Wort für „würgen" befassen (so einfach ist nämlich die Übersetzung). „Die Karin un die Elke vun de Haßlocher Sparkass" zum Beispiel schreiben: „Worgse muss man, wenn etwas so eklig ist, dass es einen Brechreiz hervorruft." „Ach Gott, wann ich des schun riech, muss ich sofort ofonge zu worgse", meint Gerhard Kinsler aus Römerberg.

Das Wort „würgen" gab es fast gleichlautend schon im Mittelhochdeutschen und auch damals bedeutete es „pressen" oder „einschnüren", erläutert Heinz Wolfert aus Beindersheim. „Hot's der gschmeckt? – Ich hab's halt nunnergeworgst", so kann zum Beispiel ein Kurzdialog ablaufen, wenn es um mangelhafte Kochkunst geht. Von „Grumbeer-" über „Worschtsalat" bis hin zu fetter Torte reichen die kulinarisch problematischen Beispiele unserer Leser. Noch heikler wird's aber, wenn wir uns mit der Stoßrichtung befassen: Christian Blum aus Zweibrücken fasst zusammen, was auch viele andere Leser erkannt haben: „Worgse" steht sowohl für a) rein- als auch für b) rauswürgen („des kann nämlich nunner wie nuff g'schehe", meint auch Bernhard Gabauer aus Ludwigshafen).

Wobei sich die Nahrungsmenge deutlich unterscheidet: Während im Falle a) das Unvermögen oder die Unlust im Vordergrund stehen, mit Mühe wenigstens eine kleine Portion runterzukriegen, handelt Fall b) meist von ein paar Portionen (oder Flaschen) zu viel, die ihren Weg zurück nach oben suchen, ihn aber – solange es beim „Worgse" bleibt – nicht finden. Beiden Fällen gleich ist das Geräusch. Es lässt sich mit der Lautfolge „w-r-g-s" – wie in „worgse" – ziemlich gut umschreiben. Wenigstens Christian Blum kann sich vor diesem Hintergrund der Begeisterung von „Saach blooß" für das heutige Thema anschließen: „Worgse ist ein viel schöneres Wort als würgen, weil es lautmalerisch besser passt und sich selbst Zugereisten leicht erschließt."

Otfrid W. Mittag aus Ludwigshafen, vor 60 Jahren aus Halle an der Saale in die Pfalz gekommen, kennt das Wort „wurgsen" allerdings ohnehin aus seiner alten Heimat – dort habe es tatsächlich „erbrechen" bedeutet, nicht nur, wie in der Pfalz, die Vorstufe davon. Auch beim pfälzischen Beispiel von Manfred Bauer bleibt es indes nicht bei der geräuschvollen Androhung des Nahrungstransports in die entgegengesetzte Richtung: „Er hot Breckelscher gelacht" ist jedenfalls der ebenso appetithemmende wie anschauliche Beweis, das nicht alles, was mal unten war, dort auch bleiben muss (das jetzt bitte nicht in den falschen Hals kriegen!). Die Zuschrift von Elfriede Kiefer aus Frankenthal belegt diese These ebenfalls, und zwar bildlicher, als uns lieb ist: Ihrer Ansicht nach wird „geworgst", wenn Menschen ohne Rücksicht auf Verluste alles (Un-)Mögliche in sich reinstopfen. Ergebnis: Am Ende „leit dann de Stambes uff de Strooß".

Ein wichtiger Hinweis kommt von Wilfried Haas aus Hochstadt: Die Bedeutung von „worgse" habe sich gegenüber dem Ausgangswort „würgen" eingeengt. „Es hat mit ,erwürgen' nix zu tun", meint auch Doris Rittmann aus Birkenheide. Ein Pfäl-

„Nit worgse! Mer hänn doch noch gar nit aag'fange."

zer würde nie sagen: „Ich worgs dich!" Der Satz ist laut Klaus Kronibus aus Kaiserslautern nur so denkbar: „Ich drick der die Quaks zu, bis de afangsch zu worgse." Womit wir, mit aller Gewalt, bei den übertragenen Bedeutungen von „worgse" angelangt sind: drucksen („Weil de Oddel so schischdern isch, bringt er fascht kä Wort raus, wann er mit me Mädel redd. Er worgst blooß rum", von Rosemarie Mathes aus Germersheim) und murksen („Einen Vortrag nicht flüssig gehalten. Kommentar: Ach, Gott, was e Geworgse!", von Jutta Meisinger).

Was bleibt? Na, zwei fast legendäre pfälzische Sprüche: „Was willscht dann schun so frieh mit ämme Schobbe Wei?", fragt

Karl Kayser aus Bad Bergzabern. Die Antwort: „A, ich kann doch mein Kaffee nit so trocke nunnerworgse!" Denn das Pfälzer Motto lautet bekanntlich: „Liewer schlorbse (also: schlürfen, siehe Buch „Saach blooß 2") wie worgse!"

Kleiner Tipp: Nach dem bis auf den Magen durchschlagenden Erfolg dieser Folge nehmen jetzt mal alle einen schönen Kräuterschnaps, damit's uns bis zur nächsten Folge wieder wohl wird. Und allen unter 18 raten wir: Immer schön Bäuerchen machen!

Folge 117, erschienen am 21.5. 2008

„Schlutze"

Mund auf, Ohren zu!

Wenn Pfälzerinnen und Pfälzer ihre Zunge nicht hüten

Pfälzer sind großzügig. Vor allem beim Essen und Trinken. Getrübt wird die Freude darüber jedoch von der Erkenntnis, dass es beim heutigen Thema keineswegs um Pfälzer in Spendierhosen geht, sondern um „akustische Teilhabe" am Pfälzer Alltag, wie Wilfried Haas aus Hochstadt es formuliert und am Beispiel von „schlutze" veranschaulicht: Ein Pfälzer, der „schlutzt", nehme nicht einfach nur Nahrung und Getränke zu sich, er tue das lautstark mit genussvollem Schlürfen, Schmatzen oder Durch-die-Zähne-Ziehen. Die Welt soll mitbekommen: Dem Pfälzer geht's gut. Dass die Welt von den Leckereien etwas abbekommt, ist damit noch lange nicht gesagt.

Fest steht nur: Die Pfälzerinnen und Pfälzer lieben es auffällig und geräuschvoll und haben dafür entsprechend viele Wörter. Es wird „geschlurpst", „geschlawwert", „geschlutzt" und „gesuggelt", was das Zeug hält. Beim „Schlurpse" oder „Schlorpse" zum Beispiel wird eine Flüssigkeit nach Aufnahme in den Mundraum zwischen Zunge und Gaumen zum Schwingen gebracht, bis nicht nur das Zäpfchen im Rachen, sondern auch beim Nachbarn das Trommelfell vibriert.

Beim „Schlawwre" („schlürfend, sabbernd trinken", übersetzt Klaus Juner aus Herschberg) findet ein erkleck(s)licher Teil der Flüssigkeit oder Nahrung gar nicht den Weg in die Kau- und Schluckregion. Dieser hat sich vorher schon außerhalb des Mundraums breitgemacht, vorzugsweise auf frisch gekaufter, heller Kleidung. Beim „Suggle" schließlich steht, wie die Wortwurzel nahelegt, das Saugen im Vordergrund, sagen Monika Ludwig aus Hütschenhausen und Klaus Kronibus aus Enkenbach-Alsenborn.

Das Wort „schlutze" oder „schlotze" dagegen nimmt die Zun-

64   **„Schlutze"**

ge in den Focus. „Schlotze bedeutet auf hochdeutsch schlecken", sagt Sinem Uzun aus Germersheim. Und Monika Ludwig ist die lautliche Nähe des Worts zu „lutschen" aufgefallen: „Bei uns wird es am ehesten verwendet, wenn ein Kind genüss-

lich an seinem Eis herumlutscht, förmlich die Zunge drumrum-
wickelt." Was wiederum deutlich macht: Die Zunge ist nicht nur
aktiv, sie ist auch zu sehen. Joachim Lehmler aus Ludwigshafen weiß indes, wie man dezent „schlotzt": „Wer ned richdich
schlotze kann, brauchd norre sein Sprechapparat uff ‚sch' mit
sofort nochfolgendem ‚l' eizustelle un die Luft eizuziehe, schunn
hodder des Schlutzgut drin."

Dass die Lautfolge „sch-l" sich nicht nur beim „Schlutze",
sondern auch beim „Schlorpse" und „Schlawwre" offenbart,
ist natürlich kein Zufall, sondern Ausdruck einer ausgeklügel-
ten pfälzischen Genuss-durch-Geräusch-Kultur. Diese liegt frei-
lich nicht nur im mangelhaften Gespür der Pfälzer für hochdeutsche Tischmanieren begründet, sondern in anatomisch-biologi-
schen Gegebenheiten. Wo es Leckeres zum Essen und Trinken
gibt, da läuft einem einfach das Wasser im Munde zusammen
– mit allen problematischen akustischen Folgen (ein entlasten-
der Hinweis, für den wir Elke Wildberger aus Offenbach-Hundheim besonders dankbar sind). Für Dorothea Ballosch aus Bo-
chum steht jedenfalls fest: „Schlutze" heißt „einen trinken –
auf etwas derbe Art."

Lutschen, schlecken, saugen, schlürfen – von all diesen Vor-
gängen findet sich etwas in „schlutze" wieder, fasst Klaus Kronibus zusammen. Wie Hans Ehrhardt aus Gossersweiler-Stein
weist er darauf hin, dass „schlotze" (mit „o" statt mit „u") nicht
nur in der Pfalz, sondern vor allem im Schwäbisch-Badisch-Würt-
tembergischen verbreitet sei. Zitat von auswärts: „Mir ganget
e Viertele schlotze."

Die Version mit Pfälzer Wein, eingeschickt von Wilfried Haas,
lautet dagegen: „Gehscht mit, mer dun beim Ochsewirt e Ver-
dele schlutze?" Hier nun deutet sich ein pfalztypisches Phänomen an, nämlich die Fähigkeit zur Tarnung, die sich auch in zwei
weiteren Anwendungsbeispielen zeigt: „Alla, jetzt schlotze mer
noch unsern Schoppe, dann awwer dalli hääm!" von Inge Schornick aus Ludwigshafen und „Isch hab drei Halwe gschlotzt" von
Heinz Wolfert aus Beindersheim. Unpassendes Geräusch hin
oder her, letztlich nimmt ein laut- und fleckenmalerisches Wort

wie „schlutze" in der Pfalz ganz einfach eine harmlose Bedeutung an. Es steht im Bewusstsein vieler Pfälzer nur noch für „trinken" (oder „schlecken") . Ob es dabei was auf die Ohren gibt, spielt keine Rolle mehr.

Folge 118, erschienen am 20.6. 2008

„De Kroddegiekser"

Wann is en Bu en Bu? Es ist wohl jener Gedanke, der uns zum
heutigen Thema über 50 Zuschriften beschert hat – Kindheits-
erinnerungen an die Zeit, als junge Leute vornehmlich im Freien
spielten und „ein richtiger Junge" ein Taschenmesser einste-
cken hatte. Damit habe man geschnitzt, erinnert sich Günter
Steck aus Speyer, oder man habe Landabstecherles gespielt:
Der Spieler ließ das Messer auf ein abgestecktes Stück Erde
fallen und wenn es im Boden stecken blieb, durfte er ein Stück
Land „abschneiden". Der Leser sagt: „Unser Taschenmesser,
der Kroddegiekser, war fast ein Prestigeobjekt."

„Kroddegiekser, das erinnert an de ganze Daach im Schoos-
seegrawe rumhänge, wie es echte Pälzer Buwe nun mal zu tun
pfleg(t)en", erzählt auch Germann Jossé aus Worms. Doch für
ihn war der Kroddegiekser alles andere als ein Statussymbol:
Damals habe man sich als „en echte Bu" definiert, „wenn man
Leder- anstatt Stoffhosen, Fahrtenmesser statt ‚Kroddegiekser' und Glasmurmeln statt ‚Klicker' aus Ton sein Eigen nennen konnte." Nur der, dessen Messer nichts taugte, musste
sich anhören: „Was willschd'n mit däm Kroddegiekser?"

Den nach Meinung der überwiegenden Mehrheit der Leser
schlechten Ruf des Schneidegeräts erläutert Theo Moritz aus
Brücken: „De Kroddegiekser iss e kleenes gaakelisches Messer, das nedd guhd schneid unn medd demm mer noch nedd
emol e Krodd abgiekse kann." Um Missverständnissen vorzu-
beugen: Als „e Krodd" – vornehmlich: „e goldichi Krodd" – werden in der Pfalz zwar regelmäßig niedliche Mädchen bezeichnet, wie zum Beispiel Karl Kohler schreibt, doch im Kroddegiek-
ser-Sinne kann die „Krodd" nur „Kröte" bedeuten: „Alles, was

hüpft und froschähnlich aussieht, wird in der Pfalz ‚Krodd' genannt", bringt es Klaus Hollinger aus Spirkelbach auf den springenden Punkt.

Womit wir wieder bei Freizeitbeschäftigungen aus der Vergangenheit angelangt sind. Wenn für Pfälzer wie Manfred Bauer aus Ludwigshafen „ein altes, rostiges, schartiges Messer" bestenfalls dazu nütze ist, „um Kröten zu stechen", dann wirft das natürlich einen Schatten auf die Spielereien in freier Natur. „In meiner Kindheit war man Tieren gegenüber nicht immer human", räumt zum Beispiel Hans Ehrhardt aus Gossersweiler-Stein ein (manche Leser erinnern gar reuig ans Fröscheaufblasen). Und nicht nur Klaus Gröschel aus Neustadt verweist auf die Gewinnung von Froschschenkeln: „Zur Amputation der kräftigen und saftigen Sprungbeine brauchte man nun mal ein Messer" – einen echten „Kroddegiekser".

Bevor allen Tierfreunden der Appetit vergeht, legen wir entlastende Indizien vor. Da man mit einem „Kroddegiekser" nach landläufiger Meinung „bloß noch kalt Wasser (oder „weiße Kees", hochdeutsch: Quark) schneide kann", wie Hans Meinhardt aus Gönnheim es formuliert, sind die Tiere zumindest durch dieses Schneidewerkzeug wohl nicht wirklich in Gefahr. Das pfälzische Verb „giekse" bedeutet nämlich „pieksen ohne zu verletzen", sagt Hans Trinkel aus Gerolsheim. Oder mit den Worten von Joachim Lehmler aus Ludwigshafen: „Giegse iss jo nedd so richdich steche, blooß e bissel." Hans Heil aus Vollmersweiler hält allerdings mit seinem Zitat dagegen: „De Dokter hot mich widder gegiekst" bedeutet nämlich klipp und klar: Es wurde zugestochen, und zwar richtig.

Aus dem fernen Washington D.C. erreichte uns eine E-Mail von Jutta und Gerhard Frankfurter, wonach „giekse" noch harmloser mit „kitzeln" übersetzt werden könnte. Nicht sonderlich human, aber zumindest tierfreundlicher als die Froschschenkel-Lesart ist die Variante von Rudolf Wild aus Annweiler: Mit dem „Kroddegiekser" sei das Amphibium lediglich motiviert worden, etwas schneller als geplant die Straße zu überqueren. Zur Sicherheit des armen Tierchens, versteht sich, nicht etwa,

„Iwwerfall? – Ich lach mich schlabb."

weil auf der gegenüberliegenden Straßenseite das Empfangs-
komittee eines französischen Spezialiätenlokals wartet.

Im Beispiel von Manfred Bauer aus Ludwigshafen kommt der
„Kroddegiekser" mal nicht als Schneidewerkzeug zum Einsatz,
sondern als scharfzüngiger Spott: „Die Meiern zeigt stolz eine
Fotografie herum, die einen Studenten in vollem Wichs abbildet,
geschmückt mit allen Insignien des Fuchsmajors und mit einem
Mords dreifach couleurierten Mensurschläger in der Hand. ‚Des
isch mein Sohn, de Fritz. In Heidelberg. Jura. Negscht Johr Exa-
me. Sieht der net schää aus!' – Antwortet ‚de Hoiner': ‚Was hot

dann der do fer en Kroddegiekser in de Hand? Do muss er aw-wer uffbasse, dass er sich net demit wehduht.'" Vom Helden zur Karikatur in fünf Sekunden. – Auch das schmerzt.

Nicht verhehlen wollen wir an dieser Stelle, dass eine kleine Minderheit der Leser (so Lioba Seibel aus Haßloch und Margot Haas aus Hochstadt) den „Kroddegiekser" nicht als stumpfes, sondern als sehr scharfes Messer ansieht. Zusammenfassend halten wir es auf jeden Fall mit Annette Englert, die schreibt: „Ob man früher mit dem Kroddegiekser auf Kröten losging, wissen wir nicht, hoffen aber, dass niemand den armen Viechern was getan hat."

Folge 119, erschienen am 11.7. 2008

„Blagge"

Unbeflecktes Verhängnis

Wie Pfälzerinnen und Pfälzer die Zeichen der Zeit erkennen

Als der Schulzahnarzt einst rote Kautabletten austeilte, war er nach Informationen von „Saach blooß" nur vordergründig in Sachen Gesundheitsvorsorge unterwegs. Tatsächlich ging es damals in geheimer Mission um Dialektkunde: An „de roode Blagge" (oder „Placke") auf den Zähnen konnten die Kinder nämlich ihren Zahnbelag erkennen, der im Fachjargon „Plaque" genannt wird, schreibt Uta Müller aus Neustadt. Und schon ist die Spur gelegt, die zur Lösung des Rätsels um das Pfälzer Wort „Blagge" führt.

Denn „Blagge" geht stets auf ein gleichlautendes mittelhochdeutsches Wort und auf das lateinische „plaga" für „Fläche" und „Gegend" zurück, erklären Klaus Juner aus Herschberg, Falk Rittig aus Grünstadt und Inge Schornick aus Ludwigshafen; und zwar ganz egal, ob es sich dabei um die medizinische Plaque handelt, um en „bloe Blagge" (der „die Karin un die Elke vun de Haßlocher Sparkass" zur Frage führt: „Wo hoschd donn du dich do oogerennt?), ob es sich um „plackige Gsichter" dreht (wenn Kinder „von Masern befallen" sind, wie Hans Estelmann aus Böchingen es formuliert) oder um „Knutschplacke" (von denen Klaus Kronibus aus Kaiserslautern erzählt, man habe sie „mit Stolz vor den johlenden Kameraden präsentiert").

Fakt ist aber: Wenn sie nicht gerade als Trophäe erotischer Erlebnisse am Hals prangen, sind „Blagge" in der Regel problematisch: „Denn Abbel kannscht awwer nimmi verkeefe, der hot jo en Placke", liefert Jasmin Burg aus Winden ein Beispiel, mit dem sich der Obstpreis drücken lässt. „Än nasse Placke uffm Debbisch, do hot de Hund widda druffgepinkelt", lautet die häusliche Variante A von Hans Metz aus Jockgrim, während die Variante B für Alexandra Altschuck aus Lingenfeld so geht:

„Was en schääne Blagge!"

„Hoscht jetzt des Rotwoiglas umschmeiße misse? Wie soll isch donn denn Placke widder rausgrische?"

Während es sich bei diesen Beispielen stets um die Kategorie „Dreckplacke" handelt, wie Heinz Wolfert aus Beindersheim erklärt, sind in der Pfalz auch die weniger verhängnisvollen „Flickblacke" bekannt: ein Stück Gummi zum Flicken, „wannt frieher an doim Fahrrad en Blatte ghatt hoscht", sagt Bernhard Gabauer aus Ludwigshafen. Es kann auch ein Stückchen Stoff sein, mit dem die Hose geflickt wird, „wann änner nit grad de Blacke newers Loch setzt". Auf diese sprichwörtliche Bedeutung – „alles falsch gemacht" – hat Christel Medardt-Beck aus Hochstätten hingewiesen; Anwendungsbeispiel von Hans Herrmann aus Haßloch: „Weil die Schwiegerdochder net so spurt, wie's die Schwiegermutter gern hett, seggt se zu ihrm Sohn: Ich mään als, du hoscht mit dere Fraa de Placke näwes Loch gsetzt."

Fest steht indes: Von „Fleck" zu „Flicken" ist der sprachliche Weg nicht weit. Und ebenso auf der Hand liegt die zweite Bedeutung des lateinischen „plaga": das „Fleckchen Erde". „Wann de uff denne öde Placke kummscht, bleibt der die Uhr stehe", schreibt Klaus Hollinger aus Spirkelbach. Er erklärt: „Gemeint ist ein sehr abgelegener Ort, wo nichts los ist." – „Der mit soine paar Bläckelscher" könnte ein reicher Landwirt über einen ärmeren Berufsgenossen lästern, sagt auch Heinz Wolfert.

Dabei ist nicht jeder „Blagge" so unattraktiv: „Stoffel, du hoscht doch hinner deim Haus en Blagge ohne Zufahrt liche, deedscht merr dänn nit vekääfe?", nennt Hans Ehrhardt aus Gossersweiler-Stein ein Gegenbeispiel. Karl Bergner aus Wachenheim dürfte ebenfalls kaum Grund zum Ärgern haben: „Mai Fraa hot e paar Placke geerbt" – ein paar Parzellen Weinberg nämlich. Auch der Flurname „Blenk", der sich in vielen Gemarkungen der Pfalz findet – zum Beispiel im südpfälzischen Edesheim – leitet sich vom lateinischen „plaga" ab, berichtet Arnold Frey aus Dreieich. Dabei handele es sich stets um Flurstücke auf ebenem oder nur leicht ansteigendem Gelände, die sich von ihrer Umgebung als „Blöße" abheben.

Auf den feinen Unterschied von „Blagge" und der Verkleinerungsform weist Erich Hoffmann aus Neupotz hin. Er erzählt eine Geschichte des Mundartdichters Kurt Wiedemann: Zwä Gimmeldinger Bauere treffen sich. „Jow, Schorsch, zaggersch'd? Was mascht'n nei?" – „Grumbeere!" – „Was, Grumbeere, in so ä klä Pläckel? Des rendiert sich nit, des isch doch was fer Große, wu Placke henn. Mach doch Gäälriewe nei, des isch gscheider." (Für Nichtpfälzer: „Zaggre" bedeutet pflügen, „Grumbeere" sind Kartoffeln und „Gäälriewe" Karotten; das nur am Rande.)

Einen nicht minder gescheiten Hinweis haben mehrere Leser geliefert: „Blagge" sei keine pfälzische Übersetzung von „Fleck" (oder umgekehrt), sondern tatsächlich nur eine Lautvariante. Der schlichte Wechsel vom Lippenlaut „p" zum Lippenlaut „f" und von „a" zu „e" macht's möglich. Fast so, wie der pfälzische „Penning" dem norddeutschen „Fennich" gegenübersteht.

Und da auf dieser Seite noch ein „Blagge" frei ist, liefern wir eine weitere mögliche Erklärung: Den Bezug zu schwerer Arbeit, zur „Plackerei" also, hat Heinz Wolfert hergestellt und auf das ostmitteldeutsche Wort „plack" hingewiesen. Doch bevor diese Folge wirklich noch in Arbeit ausartet, machen wir lieber mal Schluss. „Saach blooß" will ja keine hektischen „Blagge" im Gesicht kriegen.

Folge 120, erschienen am 25.7. 2008

De Krumbel neimache

Störer, Spalter, Saboteure

Die Tante an der Tür oder:
Wie Pfälzer die Pläne von Pfälzern durchkreuzen

Heute nehmen wir es mit unangenehmen Typen auf. „Spielver-
derber und Quertreiber", schimpft Heinz Wolfert aus Beindersheim. „Störenfriede, Widersprecher und unzufriedene Besser-
wisser" nennt sie Hans Metz aus Jockgrim. Und Peter Hasenzahl aus Oggersheim hält sie für „Miesmacher, wenn nicht gar
Zerstörer". Es geht also um Menschen, „wu de Krumbel (oder:
de Krumbler) neimache". Diese stören ein Vorhaben so, dass
es letzten Endes scheitert, erklärt Joachim Lehmler aus Ludwigshafen. Stellt sich für „Saach blooß" bloß noch die Frage:
Wo findet man solche „Partyschrecks, Sozialmonster oder Nör-
gelsäcke" (O-Ton Manfred Bauer, Ludwigshafen)?

Vielen Lesern kommt da die eigene Verwandtschaft in den
Sinn. Helga Jungen aus Carlsberg zum Beispiel erzählt die Geschichte eines Familienfests. „Es gab viel zu erzählen. Keiner
dachte ans Heimgehen. Nur meine Tante saß mit Hut, Mantel
und Handtasche auf einem Stuhl in der Nähe der Tür. Mit dem
Stock pochte sie auf den Boden und wollte nach Hause. Diejen-
nigen, die mit ihr im gleichen Auto gekommen waren, erklärten
ihr: Wann du heit de Krumbel ninmachscht, nemme mer dich
es neggschde Mol nimmie mit!" Das Happy End war gesichert,
denn die renitente Tante übte sich von da an in Geduld, bis die
Fete sich auflöste.

Noch enger ist das verwandtschaftliche Verhältnis zum „Krum-
bel-Neimacher" bei Hans Estelmann aus Böchingen: „Neulich
feierte ich mit meinen Freunden eine feucht-fröhliche Party, aber
meine Frau machte wie schon öfters den Krumbel hinein: Sie
kam uneingeladen." Der klassische Familien-„Krumbler" geht
indes so (meint Minnie Maria Rembe aus Langmeil): „Jätzert

„Machen Se mer jetzt blooß net de Krumbler eninn, Herr TÜV!"

hatten mer schunn alles wä de Erbschaft gkläärt, do kummt
der doher un macht uns wärrer ä Krumpel äninn."

Zur Ehrenrettung der Familienbande sei erwähnt: Auch wenn
es häufig liebe Verwandte sind, die Pfälzer Kartenhäuser zum
Einstürzen bringen, so gibt es zum Glück auch Gegenbeispie-
le. Hans Ehrhardt aus Gossersweiler-Stein nennt eines, bei der
ein Mitbewerber die Gründung einer Familie ausdrücklich ver-
hindert hat: „Das Malche weer heit mei Frää, wann meer de
Adolf, der Lumbeseckel, nit de Krumbel neigemacht hett." Häufig findet der „Krumbel" auch den Weg ins berufliche Leben.
Darauf weist Klaus Gröschel aus Neustadt hin, der sich zudem
an einer Erklärung versucht, warum es die Menschen zwischen

Rhein und Saar besonders häufig trifft: „Wir Pfälzer sind bekanntlich weitblickende Planer. Wenn dann irgendeiner sich einmischt, der zwar weniger Kompetenz, dafür aber Einfluss hat – zum Beischbiel de Scheff oder die Fraa –, werd's halt net soo guut." Und so wird dann der Spruch mit dem Krumbel ausgepackt.

Gut wird heute trotzdem alles, weil viele Leser klare Hinweise auf die Entstehung des Spruchs geben können. Den „Krumbel" oder „Krumbler" gibt es nämlich nicht nur im übertragenen, sondern auch im Wortsinne. Dieser entsteht, wenn etwas „verkrumpelt" wird. Ein „krumbeliges" Hemd wird durch Bügeln glatt, doch versieht man die Arbeit nicht mit großer Sorgfalt, ist schnell eine Falte („en Krumbler") reingebügelt, erläutern Reinhard Hartmann aus Kaiserslautern und Ottilie Rieder aus Deidesheim. „De Babbe is vergrumbelt, weil ihm die Mama de Grumbel erinn gemacht un ihm sei vergrumbeltes Hemd grumbelich zum Anzieh geb hat", schreibt Klaus Juner aus Herschberg. Hochdeutsche Übersetzungen sind „Knick", „Runzel" und „Falte", womit auch das „vergrumbelte Gsicht" erklärt wäre, das Irene Legler aus Frankenthal im Gedächtnis geblieben ist.

Zahlreiche Leser verweisen darauf, dass „Krumbel" denselben Wortstamm hat wie das hochdeutsche Wort „krumm", das schon im Althochdeutschen als „chrump" für „gekrümmt, gebogen, gewellt" stand. „Vielleicht hängt hiermit auch das krumm Liegen zusammen, wenn früher ein Häftling im Schuldturm ‚krumm geschlossen' wurde, so dass er nicht aufrecht stehen konnte", mutmaßt Klaus Juner. Wilfried Haas aus Hochstadt stellt außerdem einen Bezug zwischen „Krumbler" und dem lateinischen Wort „grumus" für Erdhaufen her, das sich bis heute in „Krume" und „Krümel" erhalten hat.

Folge 121, erschienen am 9.8. 2008

Das Hosenorakel

Was Beinkleider verraten und
warum es dennoch böse Überraschungen gibt

Es gibt viele Gründe, warum Frauen und Männer Männern und Frauen auf die Beine starren. Die Jagd nach Geheimnissen des Pfälzischen aber dürfte nicht die Haupttriebfeder sein. Vielmehr wird es in der Regel um Fragen gehen, die den nichtsprachlichen Bereich des Zwischenmenschlichen betreffen, um es vorsichtig auszudrücken. Manchmal allerdings lässt sich das Private mit dem Pfalzforscherischen auch verbinden – wie beim Wort „Kräch", das sich schlicht mit „Bügelfalte" übersetzen lässt. Denn die Hose des Mannes, hat „Saach blooß" bei Durchsicht der Zuschriften gelernt, hat Gewicht sowohl für die Sprachkunde als auch bei der Partnersuche.

„Wann du kenn gscheite Kräch in die House neibüchelscht, werscht im Läwe kä Mädel finne!", schreibt zum Beispiel Hans Estelmann aus Böchingen jungen Geschlechtsgenossen ins Stammbuch. Lernen, wie's geht, können die Jungen am besten beim „Bund", verrät Bernhard Gabauer aus Ludwigshafen: „In die Hosse vunn de Ausgeh-Uniform, inne drin in die Hossebää", habe er damals vor dem Bügeln „hinne un vorne Kernsääf geschmiert". Der „Kräch" sei hinterher scharf wie ein Messer gewesen. Die „akkurate Falte", die auch Heinz Wolfert aus Beindersheim einfordert, ist demnach so etwas wie die Visitenkarte des Mannes – speziell des beziehungswilligen. Wenn diese Falte fehlt, ist alles aus, bevor es angefangen hat: „E gudi Stoffhos ohne Kräch esch en halwe Lumbe", sagt Ruth Metz aus Hatzenbühl. Und wer mag schon halbe Sachen, geschweige denn halbe Kerle?

Wer nun vermutet, das lernfähige Männchen würde zum Bügeleisen greifen, um sein Weibchen zu betören, hat Recht. Aber leider nur vorläufig. Denn ist die Beziehung erfolgreich angebahnt, wandert die „Kräch"-Last meist auf die Schulter der Partnerin. Der Mann sagt dann Sätze wie: „Biggel mer bloß schäne Kräch in moi Hosse, dass isch misch nit schämme muss" oder er verbrämt den Auftrag als Weisheit: „An de Hosse missen noochem Bichle die Kräch sitze, sunscht wär's e Blamage" (eingeschickt von Bertram Steinbacher aus Lingenfeld).

Kein Wunder, dass der „Kräch" immer wieder mal für Krach in der Beziehung sorgt, wobei „Frust, Zorn und Unmut" laut Wilfried Haas aus Hochstadt typische Auslöser sind. Ein Familien-Crash muss es aber nicht gleich sein, auch wenn Heidi Lautenschläger aus Germersheim darlegt, dass sie aus Berghausen den „Kräch" tatsächlich als „Kräsch" kennt ... Wenn aber zwei sich streiten, dann freut sich „Saach blooß", weil sich auf diese Weise die Entstehungsgeschichte des Worts entschlüsseln lässt. Krach und „Kräch" gehen auf das selbe lautmalerische Wort zurück: das althochdeutsche „krahhon" für „bersten, brechen, stürzen", das schon vor Hunderten von Jahren im übertragenen Sinne für „sich entzweien, streiten" stand. Es kracht lautstark, wenn zerbrechliches Material birst – zum Beispiel, wenn es geknickt wird. Zur Falte in der Hose oder zum Knick im Papier (auch der wird in der Pfalz als „Kräch" bezeichnet, ebenso wie die Falte am Hemdkragen) ist es dann nur noch ein ganz kleiner Schritt.

Dass bei einer ordentlichen Gardinenpredigt der Zuhörer sinnbildlich zusammengefaltet wird, beseitigt letzte Zweifel am Zusammenhang zwischen Krach und Kräch und führt uns zurück zu den Paaren, die erst durch den „Kräch" zueinandergefunden haben und schließlich durch einen Krach kurz vor der Trennung stehen. Nicht in allen Fällen ist nämlich machohaftes Verhalten des Mannes Ursache allen Übels. Auch eine nörgelige Frau kann ihrem Partner ganz schön auf die Nerven gehen, wie Wilfried Haas schreibt, und zwar mit Bemerkungen wie: „Laaf net so mit dene alde Hosse rum, die hänn jo gar känn Kräch meh!" Die Frage, wer da besser mal hätte bügeln sollen, bleibt in diesem Fall wenigstens offen.

Wann des mol känn Krach gäbbt.

Nicht verschweigen wollen wir, dass einige Leser – eine klare Minderheit – den „Kräch" als Kumpel des „Krumbels" ansehen (siehe die vorausgegangene Folge) und meinen, ein Kräch sei eine unerwünschte Falte, die durch fehlerhaftes Bügeln entstehe. Doch bevor deshalb diese Folge von „Saach blooß" in die Hosen geht, wollen wir uns für das nächste Mal der Hose von an einer anderen Seite widmen. Wir wollen wissen: Was unterscheidet den Bettsäächer vom Lichesäächer?

Folge 122, erschienen am 22.8. 2008

„Bettsächer" und „Lichesäächer"

Sääch blooß

Tabuthema Harndrang oder: Wenn Pfälzer dichter werden wollen

Betrachten wir's nüchtern: „Bezeichnungen mit diskriminieren-
dem Charakter, insbesondere wenn sie in der genital-fäkalen
Region angesiedelt sind, eignen sich vortrefflich als Schimpfwörter", schreibt Manfred Bauer aus Ludwigshafen. Somit er-
staunt es nicht, wenn der „Bettsäächer" – hochdeutsch: Bett-
nässer – in der Pfalz in einer langen Reihe steht mit anderen
Helden wie dem „Hosseschisser" oder der „Brunztulp".

„Den Harn nicht halten können! Es ist Betrug, Woyzeck!"
Schon Georg Büchner dichtete in seinem Drama „Woyzeck" der
Titelfigur einigen Ärger mit dem Onkel Doktor an. Wobei der gute
Woyzeck den Unmut des Mediziners durch einfaches Urinieren
in freier Natur auf sich zog. In der Pfalz werden immerhin nur
Menschen ausgegrenzt, die nachts in ihre Schlafstätte „ba-
cheln, brunzen oder säächen" – so drückt es Doris Rittmann
aus Birkenheide mit drei Wörtern aus, die alle dasselbe bedeuten.

„Sääche" ist dabei die pfälzische Ausprägung des alten Worts
sei(c)hen. Dieses zeigt sich noch im pfälzischen „Seiher" für
hochdeutsch Sieb und bezeichnet einen Vorgang, bei dem eine
Flüssigkeit ausfließt. Vor diesem Hintergrund erscheint es einigermaßen unwahrscheinlich, dass der „Bettsäächer" mit dem
„Lichesäächer" verwandt sein könnte, wie das „Saach blooß"
vor 14 Tagen in die Diskussion warf. Zahlreiche Leser haben
denn auch vermeldet: Das „sääche" im Wort Lichesäächer ist
eine süd- und vorderpfälzische Variante von „sagen" und der
„Lichesäächer" demnach einfach ein Lügenerzähler (auch bekannt als „Lichebeidel"). Je näher man dem Rhein kommt, des-
to mehr wird der „Lichesäächer" übrigens zum „Liechesäächer",
berichten Hans-Günter Glaser aus Speyer und Bertram Stein-

bacher aus Lingenfeld. Das „i" werde dort, wie um das Elend zu betonen, in die Länge gezogen.

Nun kann zwar ein „Bettsäächer" ganz einfach zum „Lichesäächer" werden – indem er das Malheur abstreitet –, aber damit hat es sich nach Einschätzung der meisten Leser schon mit der Gemeinsamkeit, abgesehen natürlich von der offensichtlichen: dass viele Pfälzer bei der Aussprache nicht zwischen „seichen" und „sagen" unterscheiden. Joachim Lehmer aus Ludwigshafen hat das ins Grübeln gebracht. Wenn die Serie über pfälzische Begriffe und Redensarten, so meint er, von jemandem kreiert worden wäre, „der für sagen sääche seggt", wäre mit dem Titel „Sääch blooß" ganz schön Verwirrung gestiftet worden. Da hat „Saach blooß" mal wirklich Glück gehabt.

Weniger gut dran sind jene Zeitgenossen, die keinerlei Probleme mit Inkontinenz haben und dennoch als „Bettsäächer" beschimpft werden. Denn im übertragenen Sinne werden so Langweiler oder Angsthasen beschimpft, sagen Hans Metz aus Jockgrim und Adolf Nußbauer aus Lingenfeld. Der „Bettsäächer" sei ein „windiger Mensch, ein armseliges Würstchen, nicht sehr viel glaubwürdiger als ein Lichesäächer", meint auch Wilfried Haas aus Hochstadt und stellt so doch noch einen Bezug zwischen den beiden „Säächern" her.

Fehlt eigentlich nur noch ein Exkurs in die Botanik. Denn der „Bettsäächer" ist neben dem westpfälzischen „Oierpi(t)sch" (eingeschickt von Klaus Kronibus aus Kaiserslautern) und dem „Kuhblattscher" (von Wolfgang Hubach aus Haßloch) eine von mehreren pfälzischen Bezeichnungen für den Löwenzahn oder die Pusteblume, die auf Lateinisch „taraxacum" und auf Französisch tatsächlich auch „pissenlit" (Ins-Bett-machen) heißt. In der Wertschätzung der Pfälzer pendelt das Pflänzchen zwar zwischen Unkraut, Salatgemüse und Heilpflanze, unzweifelhaft wird ihm aber, wegen der Bitterstoffe, harntreibende Wirkung zugeschrieben. Was auch sonst?

Liebe Leserinnen und Leser, bevor Sie weiterlesen, darf jetzt jeder mal kurz austreten. Wir wollen ja nicht so sein.

Folge 123, erschienen am 5.9. 2008

„Bettsächer" und „Lichesäächer"

„Die Brenk"

Waschen, bis der Arzt kommt

Wie Pfälzerinnen und Pfälzer in die Wanne hüpf(t)en

Ob es in der Pfalz war, wo die „Katzewesch" erfunden wurde
(kurz den feuchten oder gar nur angehauchten Lappen am Gesicht vorbeiführen), oder ob es hier besonders viele wasser-
scheue Gestalten gibt, kann „Saach blooß" nicht sagen. Wenn
es aber so wäre, hätten wir Verständnis. Zu einschneidend sind
die Erlebnisse, die viele Leser mit der „Brenk" gemacht haben.

In der Regel geschah es samstags, als es noch keine Wasch-
maschinen gab und heißes Wasser auf dem Herd bereitet wurde. Bei Kurt-Peter Grünnagel aus Höheinöd war das bis 1959
der Fall. Das heiße Wasser wurde in eine ovale, 1,20 Meter mal
80 Zentimeter große, nach unten sich verjüngende Zinkwanne
mit zwei Henkeln gegossen: „die Brenk". Darin konnten „nach-
einander mein Bruder, ich und unsere Mutter baden". Und der
Vater? Der bekam neues Wasser, berichtet der Leser.

Auch Helga Jungen aus Carlsberg erzählt von intensiver Nut-
zung des wertvollen Nass': „Die Kinder wurden nach Größe oder
Verschmutzungsgrad der Reihe nach in die ‚Brenk' gesetzt und
eingeseift. Am Schluss waren die Erwachsenen dran." Nur bei
Robert Wenzel aus Speyer war die Rangfolge anders: „Wann
die Mamme un de Babbe samstags baade, muss ich als waa-
de, dann derf ich aa", reimt er. Dass sich für ihn dann, wie er
schreibt, der Blick durchs Schlüsselloch lohnte, bringt uns zur
entscheidenden Eigenschaft der „Brenk": Sie war ein wahres
Multifunktionsgerät.

Denn nicht nur das Wasser hatte nach dem Familienbesuch
noch nicht ausgedient (bei Klaus Hollinger aus Spirkelbach
wurde später damit die Außentreppe gesäubert). Auch die
„Brenk" kam noch als Waschzuber zum Einsatz, bei Else Mos-
bach beispielsweise stets montags. Denn die Wanne zeichne-

te sich dadurch aus, dass die Wochenwäsche einer Familie darin Platz fand. Untrennbar mit ihr verbunden waren der „Bleuel" (ein Schlägel zum Wäscheklopfen), das „Wellbrett" und – wie Heinrich Rudolphi aus Ramstein vermeldet – die „Worzelberscht".

Neben der „Brenk", die in ihrer raumgreifendsten Form vor allem deshalb zwei Henkel aufwies, damit sie von zwei Leuten getragen werden konnte, gab es auch noch „es Brenkel", „unser Fußbadewonn", wie Suse Buchheit aus Pirmasens es nennt. Gudrun Linke aus Oberotterbach erzählt, ihr Großvater habe bis ins hohe Alter jeden Abend die Füße darin gebadet, stets verbunden mit der – rhetorischen – Frage: „Bin ich nicht sauber, wenn ich meine Füße gewaschen habe?"

Doch die „Brenk" war bei weitem nicht nur zum (mehr oder weniger gewissenhaften) Waschen da: Als Kind hat Elke Littig aus Kaiserslautern im Sommer in ihr geplanscht und nach Aussage von Matina Frank aus Höningen, Wilfried Haas aus Hochstadt und Juanita Jungmann aus Albisheim kam sie auch beim Schlachtfest zum Einsatz: In der „Brenk" wurde „die Sau gebrieht" oder die Wurst vermengt. Klaus Kronibus aus Enkenbach-Alsenborn hat noch erlebt, wie „Latwerch", also Zwetschgenmus, darin gekocht wurde. Heutzutage sind solche Einsätze selten. Die „Brenk" steht entweder als Auffangbecken im Garten oder wird – wie sechs männliche Leser einräumen – als Speiskübel zweckentfremdet.

Zehn Leserinnen und Leser kennen übrigens auch eine „Brenk" aus Holz, die im Weinkeller beispielsweise beim Umpumpen zum Einsatz kommt. Zum Thema Wein passt der elsässische Spruch, den Uta Müller aus Neustadt eingeschickt hat: „Mensch, där kann e Bränkle voll suffe", heißt es bei unseren Nachbarn, wenn dort jemand einen guten Zug am Leibe hat.

„Die Karin un die Elke vun de Haßlocher Sparkass" führen uns diesmal zum Ursprung des Worts. „Brenk", sagen sie, sei ein alter landwirtschaftlicher Fachausdruck. Dieser habe im Oberitalienischen „brenta" gelautet, sagt Inge Schornick aus Ludwigshafen, und war laut Klaus Juner aus Herschberg noch im Mittelhochdeutschen als „brente" für „Bottich" und „hölzernes Gefäß" im Gebrauch.

Wir hoffen nun, dass uns die Mitmacherinnen und Mitmacher, die in diesem Buch leider keine Erwähnung fanden, nicht bei nächster Gelegenheit den Kopf waschen werden (sei es in der „Brenk" oder anderswo), sondern dass sie bald wieder eine Antwort parat haben.

Folge 124, erschienen am 19.9. 2008

Schmerz muss sein

Krise, Krach, Gekrisch? Hartgesottene Pfälzer erschüttert nichts

Heuschnupfen, Ischiasnerv geklemmt, Auto geschrottet, vom Chef eingenordet, Wohnung abgebrannt, Altersvorsorge verzockt, Büchereiausweis verlegt: Den Menschen zwischen Rhein und Saar bieten sich in dieser Situation zwei Sichtweisen an, denen zwei Lebensentwürfe zu Grunde liegen: Zartbesaitete – also „Pienser“ – jammern und wehklagen, während Schmerzlose – also „Hartrichel“ – sich einmal kurz schütteln und dann flugs zum Ironman-Triathlon nach Sibirien trampen, und zwar barfuß im Winter.

„... unn wann'd ehn doud schlache deedscht, macht er doch, was er will“, beschreibt Hans Ehrhardt aus Gossersweiler-Stein anschaulich und schonungslos, was er unter einem „Hartrichel“ (in Gossersweiler: Hartichel) versteht. „Der hot ä Nadur wie än Gaul“, sagt Inge Schornick aus Ludwigshafen; „Der iss zäh wie Juchdeledder“, sagen „die Karin und die Elke vun de Haßlocher Sparkass“. Und wir halten fest: Der „Hartrichel“, „Hartriggel“ (im Raum Ludwigshafen) oder „Hartrischel“ (im Raum Speyer) ist „hart im Nehmen“, „widerstandsfähig“, „kaltschnäuzig“, „robust“, „anspruchslos“ und „willensstark“, aber auch „rechthaberisch“, „stur“, „dickköpfig“ und „unsensibel“. Kurz: ein ganzer Kerl.

Besonders oft ist er unseren Lesern auf dem Fußballplatz begegnet und nicht selten handelte es sich dabei um prominente Exemplare: „De Otto Rehhagel un de Dittes Schwager waren domols in de FCK-Abwehr richtiche „Hartrichel“ – dezwischegfahre uhne Ricksicht uff Verluschte“, erinnert sich Bertram Steinbacher aus Lingenfeld. Manfred Bauer aus Ludwigshafen erzählt: „Schon vor 50 Jahren sagte der Trainer von Tura Ludwigshafen zu seinem Mittelstürmer: Am Sunndaach kummen

„Des macht dämm nix. Des esch en Hartriggel."

die Lautrer, du schbielscht gege de Liebrich Werner, denn Hartriggel. Zieh der liewer e doppeldi Portion Schiebähschitzer an."
(Schon wird das „Wunder von Bern" ein wenig plausibler, nicht wahr?)

Die entscheidende Frage, nicht nur für Kicker, lautet: Wie geht man mit derart hartgesottenen Typen um? Es gibt leider keine einfache Antwort. Während Reinhard Hartmann aus Kaiserslautern davon ausgeht, dass die Bezeichnung „Hartrichel" stets freundschaftlich gemeint sei, der „Hartrichel" also Respekt verdiene, sind viele andere Leser der Meinung, ein „Hartrichel" müsse – passend zu seinem Namen – hart angepackt werden. „Auf einen groben Klotz gehört ein grober Keil", meint zum Beispiel Rosemarie Mathes aus Germersheim. Als Kompromiss mag der Verhaltenstipp von Heinz Wolfert aus Beindersheim dienen: „En Hartrichel losst mer am beschde brumme, irchendwann brummt er mit soim Kopp wedder die Wand und merkt nix devunn."

Die Wolfert-Strategie verspricht übrigens auch dann Erfolg, wenn es sich beim „Hartrichel" um einen Menschen mit einer gewissen Macht handelt: „Strenge Schullehrer, Vorgesetzte, Vereinsvorstände und Politiker" stehen zum Beispiel bei Hans Metz aus Jockgrim auf dieser Hartrichel-Liste. Doch, Achtung! Auch Machtlose können sich gezwungen sehen, Qualitäten des „Hartrichels" zu entwickeln: Wenn ihnen „von oben" so zugesetzt wird, dass sie nur mit einem dicken Fell überleben können. „Mir sinn ganz schääne Hartrichel!", entfährt den Entrechteten quasi als Stoßseufzer. Und „Saach blooß" tröstet: Immer noch besser als „uneedich rumgepienst".

„Gelobt sei, was hart macht", könnte nach Einschätzung von Wolfgang Breyer aus Frankenthal das Lebensmotto des „Hartrichel" lauten. Dieser ist mit dem „Habuchene" (einem Mann, so stark wie eine Hainbuche – ausführlich beschrieben im Buch „Saach blooß 2"), nicht nur seelenverwandt. Er hat auch den botanischen Ursprung mit ihm gemeinsam. Denn der Hartriegel (lateinisch: cornus), ist ein „robuster, nicht klein zu kriegender roter Hornstrauch, der oft auch als Strauchhecke zum Nachbarn gepflanzt wird", wissen die Karin und die Elke aus Haßloch. Und: Das Hartriegel-Holz wird gerne zum Drechseln verwendet – weil es so zäh und widerstandsfähig ist. Was für uns bedeutet: Lebenskrise hin, Lebenskrise her, sprachforscherisch ist alles im Lot.

Folge 125, erschienen am 10.10. 2008

„Blotze"

Absturz garantiert
Wenn Pfälzer „platsch" machen

„… denn Plopp heißt Stopp!" rief einst TV-Moderator Michael Schanze in der Kindersendung „1, 2 oder 3", steckte den Zeigefinger in den Mund und ließ ihn lautstark herausploppen. Wir wissen heute: Er tat dies nicht zur Volksbelustigung, sondern um die Auflösung dieser Folge vorzubereiten. Denn die Lautfolge „plo-" oder „blo-" ist in Sachen Pfälzer Lautmalerei ein wahres Wunderhorn.

„De Klää hot sich in d' Badwann noiblotze losse, dass des ganze Bad iwwerschwämmt war", liefert Rosemarie Mathes aus Germersheim bestes Anhörungsmaterial, denn beim „Blotze" macht es natürlich laut „Platsch". Auch das Beispiel von Hans Metz aus Jockgrim lässt geräuschmäßig keine Frage offen: „Hosch des blotze heere? Dein Mann isch widda besoffe die Trepp runnageblotzt." Und bei Karl Schied aus Neustadt heißt es: „Hab ich net gsaat, su sollscht uffbasse uff dei neie Hosse, jetzt bischt voll mit'm A… in de Dreck geblotzt!"

Das beweist: „Blotze" hat nicht nur ein erhebliches Schmerz- und Zerstörungspotenzial, wie Wilfried Haas aus Hochstadt feststellt, es ist auch stets mit dem entsprechenden Geräusch verbunden. Falk Rittig aus Grünstadt und Reinhard Hartmann aus Kaiserslautern berichten, „Plotz" sei ein norddeutsches Schallwort und stehe für einen „hörbar auffallenden Schlag", wie es im Lexikon „Das deutsche Wort" (Leipzig, 1933) heißt. Entscheidend ist auch: Beim „Blotze" erfolgt der Fall, Sturz oder Plumps unerwartet, also plötzlich; eine sprachliche Verbindung, auf die zahlreiche Leser hingewiesen haben (wie auch auf jene zu Otfried Preußlers Räuber Hotzenplotz, der immer wieder unerwartet in Erscheinung tritt).

Der „ultimative Blotzklassiker", schreibt Manfred Bauer aus

Ludwigshafen, sei allerdings „die weiche, überreife, vielleicht schon etwas morsche Birne, die vom Baum fällt und günstigstenfalls dem Schosseegaad (Straßenwärter) direkt vor die Fieß blotzt." Dass das Obst beim Absturz (auf)platzt, dabei das passende Geräusch macht und schließlich hässliche „Blotzblagge" kriegt, wie Joachim Lehmler aus Ludwigshafen anmerkt, führt uns wieder tiefer ins Land launiger Lautmalerei. Joachim Lehmler macht sicherheitshalber deutlich, dass beim beliebten „Kirscheblotzer" nicht nur „geblotzte Kirschen" zum Einsatz kommen. (Küchentipp von „Saach blooß": Es steht auch nirgends geschrieben, dass der Auflauf vor dem Konsum zu Boden geworfen werden muss. Vielmehr werden die Kirschen in den Rührteig fallen, also „blotze" gelassen, erklärt Peter Keller aus Landau).

Doch was – außer der Laune in Nichtraucherkreisen – stürzt eigentlich ab, wenn es um die zweite Bedeutung des pfälzischen Worts „blotze" geht? „Gehscht mit Rohrkolwe blotze?" wurde beispielsweise Bruno Seeger aus Oggersheim in den 50er Jahren von seinen Kameraden gefragt. Geplant war in so einem Fall, im Geheimen draußen im Feld Rohrkolben zu rauchen, „was

Hiegeblotzt

heftige Irritationen bewirkte, insbesondere des Magen-Darm-Trakts sowie der Atemwege". Ähnliche Erfahrungen machte Bertram Steinbacher aus Lingenfeld: „Als Buwe hämmer am Altrhoi aa mol prowiert zu raache, awwer weil mer kä Geld fer richtische Zigarette g'hatt hänn, hämmer halt druggene Liane abgebroche unn hänn se geblotzt. Kotz-noch-ämol!"

Zitate wie „Der blotzt wie en Schlot" von Hans Sester aus Mutterstadt machen allerdings deutlich, dass beim „Blotze" nicht unbedingt halblegale Pflanzen zum Einsatz kommen müssen, sondern sich das Wort einfach mit „rauchen" übersetzen lässt. Wobei die Leser uneins sind, ob „blotze" nun eher für intensive Lungenzüge steht (was eine Minderheit vermutet) oder ob es ums oberflächliche Rauchen geht, das auch als Paffen bezeichnet wird, wie Liesel Dries aus Hochstadt berichtet. „Die Menschen sehen nur den Genuss. Leider!", klagt die Nichtraucherin. Für „paffen" als Übersetzung von „blotze" spricht nichts Geringeres als wiederum die Lautmalerei. „Blotze" werde für „rauchen" verwendet, schreibt Inge Schornick aus Ludwigshafen, „wegen des flappenden Geräuschs, wenn man beim Ziehen die Lippen öffnet."

Was bleibt? Natürlich ein lautmalerisches Klatschklatschklatsch!, liebe Leserinnen und Leser, dass Sie auch diesmal wieder einem pfälzischen Wörtchen sein letztes Geheimnis entrissen haben.

Folge 126, erschienen am 24.10. 2008

Ein Zerstörer wider Willen

Ganz schön albern: Im Pfälzischen wimmelt's von Grobianen

Ob erst die Henne war oder erst das Ei, ist ein philosophisches Problem, dem sich „Saach blooß" nicht gewachsen fühlt. Nicht minder heikel ist jedoch die Frage, warum die Pfälzer so überaus viele Wörter für Menschen mit mangelhaften Manieren haben. Gibt es a) in der Pfalz so viele Grobiane und Tölpel, oder fallen b) diese hier nur mehr auf, weil die Region ansonsten vor Menschen mit bester Kinderstube überquillt?

Es ist ein heißes Eisen, das „Saach blooß" schon vor Jahren anzupacken versuchte, als es um den „Hewwel" ging. „Hewwel", „Stoffel", „Wolldouwe", „Wucht'l" stehen alle für dasselbe: Menschen, die rücksichts-, acht- oder gar pietätlos mit der Tür ins Haus fallen (ohne anzuklopfen) und sich dort als Elefant im Porzellanladen aufführen. Es sind halt wahre „Olwer", „Olwert" oder „Olwersch", um es mit dem Begriff zu sagen, den wir unter die Lupe nehmen wollen.

Es gibt zunächst das Eigenschaftswort: „De Heiner isch so olwer, wann äm där die Hand gäbbt, muss mehr Angscht hawwe, dass er äm die Knoche brecht", schreibt Rosemarie Mathes aus Germersheim. Und: „Jesses, hoscht du ä paar olwere Kletz an de Fieß", musste sich Betty Burk aus Neupotz von ihrer Mutter anhören, wenn sie in den 70er Jahren mit Plateauschuhen auf Tour ging. Mit dem Hauptwort sind die Beispiele nicht weniger derb: „Jetzt han ich grad de Eschtrich glatt gezoo, do musch du Olwer mit deine große Fieß driwwer laafe" (von Klaus Kronibus aus Enkenbach-Alsenborn); „Was hoscht där dann do där en Olwer aagelacht, der hot jo känn Aschtand un kä Maniere" (von Liesel Dries aus Hochstadt). Doris Rittmann aus Birkenheide und Hans Metz aus Jockgrim übersetzen „Olwer" mit „bleeder Hund" und machen damit den Sack fast schon zu, was die gesellschaftliche Einordnung des vierschrötigen Trampels angeht.

Bleibt die Frage: Ist der „Olwer" mit Absicht so grobschlächtig oder unterlaufen ihm seine Missgriffe aus Versehen? Hans Metz meint, der „Olwer" lege es darauf an: Er habe Ahnung von nichts, wolle anderen aber vorschreiben, wo es langgeht. Marita Burger aus Kaiserslautern vertritt den anderen Ansatz. Sie sagt, der „Olwer" verhalte sich tölpelhaft, „ohne dies überhaupt zu registrieren". Auch Joachim Roos aus Niederkirchen glaubt, der „Olwer" merke gar nicht, „wie er von einem Fettnäpfchen ins andere tritt". Noch weiter geht Klaus Kronibus: „Hinter der rauen Schale manchen Olwers verbirgt sich ein weicher Kern: Des därfsche net so ernschd nemme, was der Olwer saat, der meent des net so."

Andrea Hinkelbein aus Ranschbach schließlich sieht in einem „Olwer" – den übrigens fast alle Einsender als männlich bezeichnen – eine Herausforderung, und zwar für die Frauenwelt. Der „Olwer" sei nicht nur ungehobelt, sondern auch unbeholfen, sagt sie. Und damit sei er ein Mensch, „den man (als Frau) noch nach seiner Façon formen kann". Es gibt also Hoffnung. Zumindest, wenn man den Hinweis von Doris Rittmann beachtet: Ein „Olwer" habe „einen normalen IQ, aber der EQ liegt bei ihm im Keller, sprich: sein Einfühlungsvermögen ist gleich Null."

Dass es den „Olwer" auch in der Variante „Olwerstock" gibt („des isch en echde Olwerstock"), wie Uta Müller aus Neustadt berichtet, führt uns zur zweiten Zusammensetzung, dem „Olwerdolwer". „Immer bringt die Verdoppelung eines an sich einfachen Wortes diesem mehr Bedeutung", erklärt Manfred Bauer aus Ludwigshafen: „Was wäre ein Heck ohne Meck oder ein Tohu ohne Wabohu?", fragt er. Freude an der Lautspielerei geben noch mehrere weitere Leser als Ursprung für den „Olwerdolwer" an.

En Olwer auf Tour

Das Wort „olwer" wiederum führt Reinhard Hartmann aus Kaiserslautern mit dem hochdeutschen „albern" zusammen. Dies habe einst „freundlich", „hold" und „gütig" bedeutet, habe sich aber vom netten Ursprung wegentwickelt zu „einfältig" und „dumm". „Allwaere" habe das Wort im Mittelhochdeutschen gelautet (also grob in den Jahren zwischen 1050 und 1350), ergänzt Wilfried Haas aus Hochstadt.

Was es nun bedeutet, dass die Pfälzer „Olwer", „Stoffel", „Hewwel" und was sonst noch alles an Schmähworten erfunden haben, wollen wir heute nicht entscheiden. „Saach blooß" hält sich lieber an die Selbstkritik von Hans Estelmann aus Böchingen. Demnach kann nämlich jeder (Betonung auf „er") jeden Tag die Welt ein bisschen besser machen. „Meine Frau sagt öfter zu mir, mit zunehmendem Alter würde ich richtig ‚olwer'." Und sie fügt dann hinzu: „Früher warst du zärtlich." Na denn: Zurück in die Zukunft!

Folge 127, erschienen am 12.11. 2008

„Um Gottes Willen, Oma!"

Warum Pfälzer nicht immer auf dem Teppich bleiben

Mit Pfälzern zu reden, kann heikel sein. Mit Pfälzern ins Bett zu gehen, ist eine wahre Herausforderung. Zumindest zudeck-technisch. „Als meine Frau (eine Westfälin) 1971 das erste Mal bei uns übernachtete, fragte meine Mutter, ob sie zu dem Fe-derbett noch einen ‚Debbich' haben wollte", schreibt Jürgen Pe-ters aus Speyer. Später gestand ihm die Gattin, sie habe ge-glaubt, die Schwiegermutter habe nicht alle Tassen im Schrank: „Mit einem Teppich kann man sich doch nicht zudecken!"

Man kann – wie zahlreiche Zuschriften belegen: Zwischen dem Teppich und der Decke wird in der Pfalz oft nicht unter-schieden. Birgit Lillig, in den 1970ern aus dem Saarland in die Pfalz eingewandert, staunte nicht schlecht über einen Bericht in der Tageszeitung, in dem es um einen Unfall mit einigen Ver-letzten ging: „Die Unfallopfer lagen in Teppiche gewickelt am Straßenrand", hieß es da. „Eine umwerfende Vorstellung, nicht wahr?", sagt die Leserin. Berty Faath kam in den 70er Jahren als 16-Jährige aus Bad Kreuznach zur Ausbildung nach Land-stuhl; ihre damaligen Mitbewohnerinnen stammten aus der Süd-pfalz. Der neue Dialekt, berichtet die heutige Ottersheimerin, habe ihr sofort gefallen. Stutzig sei sie erst geworden, als der Winter nahte. Da hätten die Pfälzerinnen angekündigt, „dass sie nun bald ihren ‚Debbich' mit ins Bett nehmen müssten, da es kälter werde", berichtet sie: „Ich stellte mir vor, sie nehmen ihren Bettvorleger zum Zudecken und, ehrlich gesagt, fand ich diese Vorstellung sehr eklig." Kaum weniger perplex war Erika Morio aus Trippstadt, die aus Mainz stammt und eines Nachts die Pfälzer Oma zu Gast hatte: „Als sie neben mir lag, fragte sie mich: ‚Habt ihr känn Deppich im Bett?'" Da sagte ich: „Um Gottes Willen, Oma …!"

Doch nicht nur nachts entwickeln sich solche Missverständnisse: Helga Jungen aus Carlsberg berichtet von einem Pfälzer, der im Krankenhaus schmerzlich seine weiche Wolldecke entbehrte und nach seinem „Debbich" verlangte – ein Wunsch, der dem Klinikpersonal nur mit großen Schwierigkeiten zu vermitteln gewesen sei. Von einem weiteren Fauxpas erzählt Manfred

Bauer aus Ludwigshafen: ein junges Paar Hand in Hand im Pfäl-
zerwald, Picknickkorb am, Wolldecke unterm Arm: Er: „Guck
emol Lisbeth, was des do fer e schää Plätzel is. Ich glaab als,
ich roll de Debbisch aus, dann können mer minanner e bissel
picknicke." Sie: „Vun mir aus, Hannes, moin Liewer, awwer
määnscht net, es wär besser, wammer vorher noch e Kläänischkeit esse dehten?" – Stopp, liebe Moralapostel! Der Leser ergänzt selbstkritisch: „Ja, ja, ich weiß, in diesem Beispiel spielt
der ‚Debbisch' nur eine Nebenrolle, aber wer weiß, vielleicht
wäre ihm in einem zweiten Akt noch eine tragende Rolle zuge-
fallen."

Lassen wir – um auf sicheres Terrain zu gelangen – Jutta
Meisinger aus Ramstein zusammenfassen, was es mit dem
„Debbich" so alles auf sich haben kann: „Debbiche gehören
ins Bett, auf Omas/Opas Sessel, in jedes Katzen- und Hunde-
körbchen, mit zum Picknick, mit ins Schwimmbad, ans Fenster
der Dunkelkammer, im Winter zusammengerollt auf Fenster-
bänke und an Eingangstüren, und, ganz klar, in jedes Auto, um
Polster und Ladeflächen zu schützen." Eine tragende Rolle im
Haushalt hatte einst noch der „Bicheldebbich" oder „Biggel-
debbisch", sagt Gisela Schumann aus Grünstadt: „In früheren
Zeiten, als Dampfbügeleisen noch der fernen Zukunft angehör-
ten, benutzte man beim Bügeln als Unterlage den ‚Bicheldebbich', eben eine dickere Decke. Damit schonte man den Tisch."
Rosemarie Mathes aus Germersheim mutmaßt, die Pfälzer benutzten „Debbich" statt „Decke", um nicht „dobbelmobbeln"
zu müssen. „Deck disch mit de Deck zu" klinge doch komisch,
sagt sie, „Deck disch mitm Debbisch zu" habe dagegen was
für sich.

Dass „Decke", „Teppich" und selbstverständlich „Tapete" al-
lesamt aufs griechische und lateinische „tapes"/„tapetum" (für
Teppich, Wandbehang, Decke) zurückgehen, wie Wilfried Haas
aus Hochstadt und Uta Müller aus Neustadt erklären, ist für
Pfälzer natürlich ein alter Hut: Wie sonst könnten sie so souve-
rän mit dem „Debbich" jonglieren, ohne sich je gegenseitig miss-
zuverstehen?

Apropos: Zum Abschluss wollen wir Ihnen die ultimative Missverständnis-Geschichte von Walter Ehrhardt aus Wörth natürlich nicht vorenthalten: Er ließ gegenüber einer Rheinhessin die Bemerkung los: „Wenn du frierst, deck dich halt mit einem Debbich zu!" und wurde dafür verständnislos angeschaut: „Bei uns liegen die Teppiche auf dem Fußboden!" Als er erklärte, was in der Pfalz ein Teppich ist, konterte die Rheinhessin: „Ach, du määnst en Kuld!" Wieder er: „Euer Ausdruck Kuld für Decke ist doch genauso letz wie unser Debbich!" Schließlich sie: „Ei, was ist denn ‚letz'?" – Noch Fragen?

Wenn nein: Decken wir den Teppich des Schweigens über das Thema. Zumindest bis heute Nacht – wenn wir uns den Teppich über den Kopf ziehen.

Folge 128, erschienen am 21.11. 2008

„Wie de Ochs vorm Scheierdor"

Neues? – Nein, danke!

Was Pfälzer Rindviecher von Veränderungen halten

Veränderungen (wenn sie nicht gerade das Amt des US-Präsidenten betreffen) machen Angst, verwirren, sorgen für Unruhe oder Unbehagen und lösen körperliche Reaktionen aus, die von mimischen Ausfällen bis zur Schockstarre reichen. „Was der Bauer nicht kennt, frisst er nicht", heißt es zum Beispiel im Volksmund. Der Mensch ist ein Gewohnheitstier – was sich unter anderem dadurch äußert, dass er eigene Schwächen gewohnheitsmäßig immer demselben Tier anhängt. Dem Rind.

„Dummi Kuh!" oder „bleeder Ochs!" gehören zum unveränderlichen Pfälzer Standardrepertoire, was kurze, aber umfassende Beschimpfungen angeht. Doch selbst subtile Kritik an mangelhafter Veränderungsbereitschaft lässt sich via Rindvieh in Worte fassen: „Die Mamme geht zum Friseer, losst sich die lange Hoor abschneide un e neii Struwwelfrisur mache. Wie se häämkummt, steht ehr klä Biewel vor ehre wie de Ochs vorm Scheierdor, sperrt's Meilche uff un kriet's nimmi zu", schildert Rudolf Walther aus Großkarlbach eine Familienszene, die deutlich macht: Der Junge war definitiv nicht reif für den Wechsel. Wobei die „Scheier", wie Falk Rittig aus Grünstadt allen Nichtpfälzern erklärt, der hochdeutschen „Scheune" entspricht. „Unserääner guggt so, wanner vor de Hausdeer schdehd, „s is kääner dehääm un er merkd, dasser känn Schlissel hodd", berichtet Joachim Lehmler aus Ludwigshafen, und man darf daraus schließen: Es ist die bevorstehende Veränderung (Übernachtung auf dem Fußabstreifer oder im Kellerniedergang), die die Gesichtszüge entgleisen lässt.

„Dem Ox vorm Scheierdoor fallen faschd die Aache ausm Kopp, wanns Door zu isch un es kän Wech oder Auswech gebt" – so beschreibt Rosemarie Mathes aus Germersheim die anatomischen Veränderungen im Gesicht des verblüfften Rindviehs. Sie bringt uns mit ihrem Beispiel zur entscheidenden philosophischen Frage, die Manfred Bauer aus Ludwigshafen formuliert: „Aber was macht der Ochs vorm Scheierdor? Was treibt ihn da hin, warum steht er da rum? Will er rein, will er raus, hat man ihn gerufen oder wird er getrieben?" Während „die Karin un die Elke vun de Haßlocher Sparkass" mutmaßen, der angestrengt dreinblickende Ochse belaste sein Hirn wohl nur mit der schlichten Frage: „Wie kumm ich donn do jetzt noi?", bieten andere Leser eine weitreichendere Interpretation an.

Der Spruch handele in seiner ursprünglichen und noch immer weit verbreiteten Form von einem Ochsen, der aufs neue Scheunentor schaut, berichten zum Beispiel Kurt Scherff aus Obrigheim-Mühlheim und Klaus Kronibus aus Enkenbach-Alsenborn. Uta Müller aus Neustadt glaubt, das Wörtchen „neu" in „wie en Ochs vorm neie Scheierdoor" werde einfach gerne „verschluckt" – als typische sprachliche Sparmaßnahme, so wie der Pfälzer (wenn überhaupt) „Morsche!" brummelt statt: „Einen schönen guten Morgen, Herr Nachbar! Wie geht's uns denn heute?"

Einige Leser haben enorme Anstrengungen unternommen, sich für die heutige Folge in den Ochsen hineinzuversetzen, dessen Welt durch die neue Tür aus den Angeln gehoben wird. Klaus Hollinger aus Spirkelbach zum Beispiel fühlt mit dem Rindvieh, das „sei ganzes Ochseleewe lang dorch das alde, schebbe un arg verwidderte Scheierdoor" gelaufen ist, und plötzlich war da „e ganz anneres, neies und helles"! Manfred Bauer sieht den Ochsen vor sich, wie er verzweifelt vor der neuen Tür steht, „weil er sie nicht kennt, weil er sie erst mal begutachten muss, weil er vermutet, befürchtet, Vorsicht walten lassen zu müssen, weil eventuell Unannehmlichkeiten drohen – vielleicht aber auch nur, weil das Holzschutzmittel so stinkt."

„Träge und gutmütig" seien die Rindviecher, sagt Klaus Kronibus, deshalb werde ihnen „ein ordentliches Maß an Dummheit unterstellt". Die „Saach-blooß"-Leser haben uns heute ein gutes Stück über diese Erkenntnis hinaus geführt. Sie wissen:

Rindviecher sind letztlich auch nur Menschen. Oder, wie Joachim Lehmler es ausdrückt: „Zwar gebbt's iwwerall Ochse, awwer Scheierdoore vorwiegend uffem Land."

Folge 129, erschienen am 12.12. 2008

„Hännel"

Ein Fall von Sprachgewalt

Die Streitlust der Pfälzer sollte man nicht unterschätzen

Dass die Pfälzer ein streitbares Volk sind, lässt sich an der Viel-
zahl ihrer Schimpfwörter ablesen: Von „Dibbelschisser" bis
„Dollbohrer", von „Labbeduddel" bis „Lumbeseckel", von „Robb-
schees" bis „Tranfunzel" beweisen die Menschen zwischen
Rhein und Saar enorme sprachliche Schöpfungskraft. Die span-
nende Frage lautet nun: Darf man von der Sprachgewalt der
Pfälzer auf deren Neigung zur Handgreiflichkeit schließen?

Manfred Bauer aus Ludwigshafen sagt eindeutig Nein: Man
habe die „unendlich vielen Schimpfwörter" ja gerade deshalb
erfunden, um für jeden „Hännel" umfassend gewappnet zu sein,
„ohne dafür die Hand aus der Tasche nehmen zu müssen". Dieser Einschätzung schließt sich Doris Rittmann aus Birkenheide
an: Der „Hännel" sei meist kein lauter, offener Streit, sondern
ein verhaltener und unterschwelliger. „Hännel" komme von hochdeutsch „Handel", argumentiert auch Marlies Moos aus Frankenthal, es gehe also um verbal ausgetragene Meinungsver-
schiedenheiten wie jene um den richtigen Preis – „wu de eend
sei War' üwer de grüne Klee lobt un de anner saacht: Die
kannscht da an de Hut stecke, die daucht allemol nix", sagt
Klaus Hollinger aus Spirkelbach.

Jedoch: Nicht alle Leser halten den „Hännel" für eine körper-
lose Angelegenheit. Das Schicksal, mit dem man gerne hade-
re, könne einen beim „Hännel" durchaus schwerer treffen als
bei einem reinen Wortgefecht, meint Lothar Braun aus Bellheim. „Wenn man als Bub nach Hause kam – die Hose zerris-
sen, blutige Nase – sagte die Mutter: Gell, du hoscht widder
Hännel g'hatt!" Den Streithähnen waren nicht nur Worte um die
Ohren geflogen. Mit „Zank", „Streit" oder „Fehde" übersetzt
Braun den „Hännel", den er tatsächlich auf „hadern" zurück-

„Hasche Hännel gehatt?"

führt. Vielleicht, mutmaßt dagegen Elke Plass-Mackensen aus Niederkirchen, lasse sich „Hännel" direkt mit „Handgreiflichkeiten" in Verbindung bringen. Wenn eine Mutter dem Kind, das zum Spielplatz aufbricht, mit auf den Weg gibt: „Unn kään Hännel!", sei das eine Aufforderung, nicht „verdreckt, zerzaust und missgelaunt" nach Hause zu kommen – ergo: sich nicht mit anderen zu schlagen.

Kleiner Ratschlag von „Saach blooß": Wer wissen will, ob der „Hännel", von dem gerade die Rede ist, nun mit den Sprechwerkzeugen oder (im besten Fall) körperlich mit den Händen ausgetragen werden soll, sollte dem Benutzer des Worts tief in die Augen schauen. Nur so erfährt man, wo es langgehen wird. Bei „de Karin un de Elke vun de Haßlocher Sparkass" zum Beispiel kann man sich sicher sein, friedliebenden Menschen gegenüberzustehen: „Mer Zwä wollen uff gar kenn Fall mit irgendjemand Hennel hawe, weil's meischd gar net de Wert is", sagen die beiden. Für sie hängt „Hännel" nicht nur mit handeln, sondern auch mit verhandeln zusammen – „odder wie mer ach sachen: mit rumzaggere". Ähnlich wie beim „Dischbediere" (von: Disput) und beim „Balawer" geht es beim „Rumzaggere" ausschließlich um den Austausch von Wörtern, auch wenn es nur selten wohlmeinende sein dürften. Für Ruth Spieß aus Kirchheim ist der „Hännel" ebenfalls ein harmloses Missvergnügen: „So groß und fetzig sind ‚Hännel' nicht, die nächste Stufe ist der Krach", schreibt sie. Beim „Zores" dagegen (aus dem Jiddischen, eingeschickt von Inge Schornick aus Ludwigshafen) ist die Art der Austragung nicht eindeutig festgelegt, glauben die Leser.

Die Urmutter und eine der unangenehmsten Formen des „Hännels" ist jedenfalls die Erbstreitigkeit: „Hänner schunn gedäält odder hänner Hännel?" lautet – nach dem Dahinscheiden eines Vorfahren – die klassische Frage der neugierigen Nachbarschaft, sagt Rosemarie Mathes aus Germersheim. Und Hans Metz aus Jockgrim formuliert: „Die Verwandtschaft lääbt friedlich bis zum Dääle, dann werd weche jedem Scheißdreckl g'hännelt." Dazu passt das Zitat von Hans Ehrhardt aus Gossersweiler-Stein: „Beim Leiche-Imbs (also: dem Leichenschmaus) vunn de Bas Lina hänn die Erwe so laut g'hännelt, dass die Leit uff de Strooß zammegeloffe sinn." „Saach blooß" hofft daher, dass es nicht so weit kommt, wie Heinz Hener aus Maikammer befürchtet („Manche hänn schunn so minanner g'hännelt, dass se sich d'Köpp eigschlache hänn"), sondern dass Manfred Bauer Recht behält: „Es gibt im Pfälzischen keinen ‚Hännel', der sich nicht bei einer üppigen Schlachtplatte beilegen lässt (womit auch der Spruch „Rache isch Blutworscht" eine neue Bedeutung erhält).

Zum Abschluss dieser Streitschrift und für den Fall der Fälle geben wir dennoch Heinz Heners Überlebenstipp weiter: Halten Sie es beim Händel unbedingt mit den Angelsachsen. Die raten nämlich stets: „Handle with care!" Immer schön vorsichtig …

Folge 130, erschienen am 16.1. 2009

Sauerteig als Mitbewohner

Auch in der Pfalz waren Hefewürfel einst Luxus

„Was duschd' dann do eimeere, soll des etwa änn Kuuche gew-we?" – Pfälzer Küchenspruch. Erfinder unbekannt, wurde ver-mutlich sofort mit Blicken getötet; eingeschickt von Heinz He-ner aus Maikammer.

Die Liebe der Pfälzer zu Teigwaren aller Art ist legendär. Allein das „Knärzel" oder „Knärzje", das Randstück vom Backwerk, bringt Menschen reihenweise zum Schwärmen, wie „Saach blooß" im Juli 2005 herausgefunden hat. Eine ganze Folge war damals den Freuden gewidmet, die mit einem Kanten Brot ver-bunden sein können. Offen blieb nur: Wie groß wird die Verzü-ckung erst sein, wenn es um vollständige Produkte geht?

Nun, vor den Erfolg haben die Götter den Schweiß gesetzt. Also verjagen wir Gedanken an „Quetsche"- und „Riwwelkuche", von denen Johannes Schindler aus Ludwigshafen uns vor-schwärmt, sowie an „Fasnachtsküchelcher", „Dampf-" oder „Schneckenudle", mit denen Maria Burkart aus Enkenbach-Al-senborn lockt, und wenden uns nüchtern deren Herstellung zu.

„Wann mei Fraa Hefekuche backt, dann werd vorher de Dääg eigemeert: Dess Mähl werd mit de eigewäächt Heef, mit de Milch, em Zucker, ä oder zwää Eier un ä bissel Eel vermengt", erklärt Günter Frey aus Annweiler und ist sich mit vielen Lesern einig: „Eimeere", „oimeere" oder „inmeere" steht für die Teig-produktion, also fürs Mischen und Kneten.

Doch es steckt mehr dahinter. Bevor es Hefewürfel in den Kühlregalen gab oder Pfälzer sich diesen Luxus leisten konn-ten, war das Backen mit Sauerteig „in". „Ich misst noch ein-meere", sagte damals die Großmutter von Elke Plass-Macken-sen aus Niederkirchen und meinte: mit neuen Zutaten und dem

„Ich habb schunn emool eigemeert."

Rest jenes Sauerteigs, den sie vom letzten Backen übrig behalten hatte, einen Vorteig ansetzen. Dieser blieb über Nacht stehen und tags darauf backte sie daraus Brot. Sie tat das selbstverständlich nicht, ohne vorher wieder einen Teil abzuzweigen, der (beispielsweise auf dem Kaminsims) die Zeit bis zum nächsten Backen überdauerte – als „Starterkultur", wie Walter Gundacker aus Hinterweidenthal sagt. Man ist fast geneigt, von der Unendlichkeitsschleife des backenden Selbstversorgers zu sprechen – gemeinhin auch „Mehlwurm" genannt.

Es würde den Rahmen sprengen, alle Tipps aus Küchen und Backstuben sowie alle Infos über Hefepilze und Gärungsprozesse wiederzugeben, die uns erreicht haben. So viel sei festgehalten: „Das ‚Eimeere' ist die erste Phase bei der Herstellung eines Hefe- oder Sauerteigs." In Phase zwei folgt das Gehenlassen – „aber nicht zur Tür hinaus!", wie Maria Burkart anmerkt.

Seinen Ursprung dürfte das Dialektwort im Mittelhochdeutschen haben, als „mere" oder „mern" so viel wie „vermischen",

„verrühren", „kneten" bedeutete, wie mehrere Leser erklären. Und wie stets, wenn Pfälzer ein Wort einmal für teiglich, Entschuldigung: tauglich, befunden haben, erweiterten sie seine Bandbreite. Zunächst behutsam im Themenfeld „Nahrungsmittel": „Die Mamme is im Schtall un meert es Fudder fer die Hinkel und die Sei in", kann man laut Klaus Kronibus aus Enkenbach-Alsenborn auf einem Bauernhof zu hören bekommen, und „die Karin un die Elke vun de Haßlocher Sparkass" erinnern sich, „dass die Oma frieher es Sauerkraut im Tonhawwe eingemeert hot".

Später wurde das Wort in den Themenbereich „Zusammenleben" integriert, und zwar im Sinne von „reindrücken", „einbrocken", „aufhalsen": „Dem hab ich awer ener oigemeert", entfährt es Heinz Wolfert aus Beindersheim, wenn er dafür gesorgt hat, dass sein Gast sturzbetrunken nach Hause wankte. „Eine weitere Bedeutung erfährt es", schreibt Gabi Meyer aus Speyer, „wenn ein Raufbold von einer Prügelei heimkehrt und berichtet, er habe dem Gegner ordentlich einen eingemeert". Etwas zurückhaltender ging es in Bellheim und Hördt zu, wo mit „eimeere" gemeint war, jemandem einen kleinen (!) Streich zu spielen, wie Daniela Völker berichtet. Über jede Körperlichkeit hinaus erhebt sich das Wort, wenn Bertram Steinbacher aus Lingenfeld über einen Politiker sagt: „Dem hänn se bei de letzschde Wahl äni eigemeert", und wenn Hans Estelmann aus Böchingen eine Pfälzerin die Kür ihres Gatten zum Sportvereins-Chef so kommentieren lässt: „Do hänns'em änner eigemeert, dann horrer ja g'saacht."

Da bleibt „Saach blooß" als Fazit nur die Grundregel des goldenen Bäckerhandwerks, „Alles in Butter!", sowie die Hoffnung, niemandem „äner eimeere" zu müssen, um auch für die nächste Folge wieder viele Zuschriften zu erhalten.

Folge 131, erschienen am 30.1. 2009

„Muschgedunner"

Ein Schock für alle Sinne

Warum manch eine Pfälzerin einen gewaltigen Schuss hat

Als „hochkarätiges Exemplar" bezeichnet Hans Ehrhardt aus Gossersweiler-Stein das pfälzische Wort „Muschgedunner", nach dem „Saach blooß" jüngst gefragt hatte. Was er damit wohl meint? – Für Waltraut Dreyer aus Oberotterbach ist das sonnenklar: „Muschgedunner ist ein wirklich altertümlicher Ausdruck." Die Leserin ist 83 alt und schreibt: „Meine 16 Jahre jüngere Schwester hat das Wort noch nie gehört." Auch Gudrun Nicolosi aus Kaiserslautern musste sich über 60 Jahre zurückerinnern: „Du bischt noch e Muschgedunner!" habe sie damals von ihrer Mutter zu hören bekommen, „wenn die Auswüchse meiner Modefreiheit etwas überschäumend waren".

Das zeigt: Das Wort „Muschgedunner" scheint so gut wie ausgestorben, doch in der Erinnerung vieler Pfälzerinnen und Pfälzer ist es lebendig. Und wie! „Dem Franz sei Erna isch ä richtiches Muschgedunner, die war am Sunndaach gebutzt wie änn Pingschdochs!" (also: herausgeputzt wie ein kastriertes Rindvieh, das am Pfingstsonntag, mit Blumen geschmückt, auf die Weide getrieben wird – der Herde voran), schreibt zum Beispiel Heinz Hener aus Maikammer. Der Ausdruck scheint wilde Formulierungen geradezu herauszufordern: In Pirmasens, so berichtet Heidi Zipp, werde „eine aufgemotzte Frau" so bezeichnet: als „Muschgedunner vun Remlinge – vun de Micke verschiss". Kaum weniger deftig ist das Zitat von Klaus Kronibus aus Enkenbach-Alsenborn: „Betracht der mol des Schinos do, des Muschgedunner, wie's werre so uffgebutzt un uffegedunnert doher kummt. Alles basst wie e Arsch uff e Ämer." Wenigstens Hans Estelmann aus Böchingen versteht „Muschgedunner" als Lob für eine Frau, die dem männlichen Blick etwas zu bieten habe – wenn auch nicht unbedingt Sinn für Mode.

Achtung, Muschgedunner!

Indes: Auch der Charakter der Frau steht in Zweifel. „Was is die eigebild't, des Muschgedunner!", wirft Inge Schornick aus Ludwigshafen ein Zitat in die Diskussion, als wäre „es Muschgedunner" mit Farbenblindheit und fehlendem Geschmack nicht schon genug geschlagen. Manche Leser, wie Lothar Braun aus Bellheim, bringen mit „Muschgedunner" Leichtlebigkeit in Verbindung, andere, wie Klaus Hollinger aus Spirkelbach, meinen, es handele sich um weibliche Wesen, „die ihrem Alter nach am Ende des dritten Frühlings sind", sich aber wie zu Beginn des ersten verhalten. Hiltrud Kuhn aus Laumersheim stellt sich einen Menschen vor, „der mäh sei will, als er wirklich war". Und Kurt Leonhard aus Jettenbach, wo das Wort „Mischgedunner" heißt, sieht damit Mädchen und Frauen beschrieben, „die in ihrem Umfeld für Unmut und Ärger sorgen".

Fest steht: Dazu brauchte es früher nicht viel. Vielen Lesern, die für die heutige Folge weit in der Zeit zurückgereist sind, ist das „Muschgedunner" (übrigens hin und wieder auch für Männer verwendet) vor allem für seine Flatterhaftigkeit bekannt. Die 85-jährige Elisabeth Herrgen erinnert sich an ihre Kindheit um 1930: Wenn sie nicht still sitzen konnte oder sie ihre Großmutter mit Fragen nervte, habe die Oma gescholten: „Gibschd widder kä Ruh, du Muschgedunner!" – „E Muschgedunner is e Dunnerkeidel, e Gewidderhex odder so e richdiches Lumbedier, des e Gewidder in de Därm hot", fassen „die Karin un die Elke vun de Haßlocher Sparkass" zusammen.

Da es bei einem Gewitter bekanntermaßen donnert, lässt sich die zweite Hälfte des Worts „Muschgedunner" wie der Blitz erklären. Und was passte besser als Erklärung für den ersten Teil des altertümlichen Dialektbegriffs als eine nicht minder altertümliche Waffe: die Muskete (pfälzisch: „Muschgeed"), von der es im Französischen sogar eine Abwandlung gibt: das „mousqueton", ein Karabinergewehr. „Muschgedunner" – Musketendonner, ergo: ein Weib wie ein Schuss aus einem Gewehr. Es lebe die Freiheit der Interpretation! Eigentlich verständlich, dass Manfred Bauer aus Ludwigshafen sich an die barbusige Dame namens Freiheit (Liberté) erinnert fühlt, die auf dem berühmten Bild von Eugène Delacroix aus den Trümmern der Revolution die französische Fahne in die Höhe reckt – ein hochkarätiges Sinnbild für ein hochkarätiges Pfälzer Wort.

Folge 132, erschienen am 13.2. 2009

„Säächääms & Co."

Lass jucken!

Die Ameise ist emsig, wehrhaft und gut gegen Rheuma –
vor allem aber hat sie in der Pfalz viele, viele Geschwister

Wer Wörter sucht, in denen das „ä" besonders oft vorkommt,
wird wohl in Finnland fündig werden. Dort gibt es die vermutlich
schöne Stadt Järvenpää und lustige Wörter wie „täydentää" oder
„käyttämistä", was auch immer sie bedeuten mögen. Er könnte
sich aber auch in der Pfalz umhören: im Land, wo die „Säächäämse" oder „Säächämäse" hausen und Menschen die Maulsperre
droht, wenn sie das als Nichtpfälzer auszusprechen versuchen.
    Es sei „einer der drolligsten Ausdrücke der Pfälzer Mundart",
sagt Volkhard Sittel aus Dudenhofen, und der gebürtige Thürin-
ger Gerhard Engl hat das am eigenen Leib erfahren: Als staat-
licher Gemüsebauberater sah er sich eines Tages mit einer auf-
geregten Pfälzer Bäuerin im „Kittelschorz" konfrontiert, die drin-
gend ein Mittel gegen die „Säächäämse" verlangte – für den
Mann aus Ostdeutschland damals ähnlich mysteriöse Fabelwe-
sen wie die Pfälzer „Maulwelfer", die sich zum Glück als Maul-
würfe und nicht als Wolfswesen entpuppten.
    Dabei liegt die sprachliche Erklärung auf der Hand: Thomas
Zech aus Bobenheim-Roxheim stellt den Bezug zum altertümlichen Wort „Emse" für Ameise her, das bis heute in der Ameise stecke und sich außerdem im Wort „emsig" erhalten habe.
Und: „Säächääms" sei die Bezeichnung für eine Ameise, die bei
Gefahr Ameisensäure „ausspritzt, pinkelt oder auf Pfälzisch
säächt" (von „seichen" für urinieren wie in „Bettsäächer"), schreiben „die Karin un die Elke vun de Haßlocher Sparkass". „Früher hat unser Mamme aus Zääskäm immer die Säächääms dafür verantwortlich gemacht, wenn es uns aus unerklärlichen Grün-
den gejuckt hat", erinnert sich Wally Hirtz (79) aus Landau an
ihre ersten Erfahrungen mit dem Wort. „Do is der garantiert ä
Säächääms driwwergeloffe", habe es damals geheißen.

Manch ein Pfälzer machte sich die Angriffslust der „Säächäämse" sogar zunutze: „Als Buben wussten wir", schreibt der gebürtige Bellheimer Arno Wetzka, „wann du de Schnubbe hoscht, leg dei Sacktuch in en Säächeemshaufe. E paar Minute droff liche losse, d'Säächeemse abschüttle un dann dra rieche. Der Geruch hot vielleicht die Nas gebutzt, ich kann der saache!" – „Riechd e bissel, soll awwer guud soi geche Rhoimadis", schreibt auch Rosemarie Mathes aus Germersheim, und ein halbes Dutzend Leser berichtet von RheumatherapieVersuchen mit Armen und/oder Beinen mitten im Ameisenhaufen. Das ökologische Gewissen von „Saach blooß" muss an dieser Stelle einschreiten: Liebe Kinder, nicht nachmachen! Denn: „Früher gab es natürlich mehr Ameisenhaufen als heutzutage und Natur und Artenschutz waren Fremdwörter", stellt Heinz Hener aus Maikammer klar.

Wir halten dennoch fest: Ameisenseich soll gesund sein und er scheint das Sprachzentrum anzuregen (und nicht nur, weil bei „Säächääms" jeder Unterkiefer Gefahr läuft sich auszuhängen). Kaum ein anderes Wort zeigt sich im Pfälzischen lautlich so flexibel wie die „Ääms", Hans Erhardt aus Gossersweiler-Stein spricht gar von babylonischen Ausmaßen. Von der „Äämins" berichtet Franz Hoch aus Ludwigshafen, „Imääze" oder „Imeeze" werden sie von Gerhard Karl aus Landau und Wolfgang Hubach aus Haßloch genannt, in Iggelheim gibt's „Uminze", in der Westpfalz kommt die „Säächims" vor, „Amägse", „Imse" und „Säächamsele" werden sie genannt, von „Omessele" schreibt Helmut Frank aus Kaiserslautern und in Luxemburg sollen die hartnäckigen Krabbler auch noch als „Seechomese" firmieren, berichtet Reinhard Hartmann aus Kaiserslautern. Puuhhh …

Fazit von Bertram Steinbacher aus Lingenfeld: „Wer mol in äm entsprechende Haufe gsesse isch, dem isch's egal, ob se als Säächämse in Rhoizawwere odder als Imääse in Lingefeld odder als Amääze sunschtwu zwicken – brenne dut's iwwerall." Fazit von „Saach blooß": Losse mer's gut sei. Sie wissen ja jetzt, was gemeint ist.

Folge 133, erschienen am 27.3. 2009

„Der grinst wie e Dreckschipp"

Schmutzige Gedanken

Was Pfälzer Kehrichtschaufeln über ihre Besitzer verraten

Diesmal war „Saach blooß" ein bisschen voreingenommen. Immer, wenn in den vergangenen Jahren aus dem Nachbarzimmer ein lautes, kehliges Lachen klang – das akustische Pendant eines rostigen Reibeisens, auf dem Sandsteine zerkleinert werden –, ein Geräusch, das stakkatoartig durch den Flur jagt, Bilder an der Wand erzittern lässt und den Feuerlöscher aus der Verankerung zu schlagen droht – immer dann nahmen wir uns fest vor, endlich einmal den Ausspruch „Die (oder der) lacht wie e Dreckschipp" zum Thema dieser Serie zu machen.

Dabei heißt die Redensart ursprünglich ganz anders: „Der strahlt …" oder „Der grinst wie e Dreckschipp". Und die Meinungen, wie dieser sehr bildhafte Ausdruck entstanden sein könnte, gehen weit auseinander. „Die Karin un die Elke vun de Haßlocher Sparkass" nehmen die schmutzige Schaufel beim Wort und spannen den Bogen zum „dreckische", ergo: „triumphierende Grinse" – frei nach dem Motto: „Gell, habb ich der's mol widder gezeigt." Ins selbe Horn stößt Manfred Bauer aus Ludwigshafen: Der Ausruf „Wann ich doi dreckisches Grinse seh, dann känntt ich der graad änni noischlache" werde hin wieder „bei verbal ausgetragenem Hännel" zu Gehör gebracht, berichtet er. Und Joachim Lehmler aus Ludwigshafen fühlt sich an den Spruch erinnert, nach dem Schadenfreude die reinste Freude sei. Wie im Beispiel von Klaus Kronibus aus Enkenbach-Alsenborn: „Fraa, hosch's schun gehört, de Oddo hot fünf Richdiche im Loddo gehat un hot vegess, de Loddozettel absegewe!"

Wer jetzt beim Lesen schadenfroh grinst, dem sei vehement die menschenfreundliche Variante von Bruno Seeger aus Oggersheim und Reinhard Hartmann aus Kaiserslautern entgegengehalten: „Du strahlscht jo wie e gebutzdie Dreckschipp!" Beide Le-

ser nehmen nicht den Dreck, sondern das Strahlen wörtlich: Die frisch polierte Kehrichtschaufel aus Weißblech erstrahle nun mal in hellem Glanz – und ein Pfälzer, dem es besonders gut gehe, tue es eben der blitzblanken „Dreckschipp" nach. Ehrliche Freude, Anerkennung oder Lob würden so ausgedrückt, meint auch Klaus Kronibus: „,Mudder, guck emol, des is es Tanja, moi neii Freundin', stellt se de Michel vor un strahlt debei wie e Dreckschipp." Der Leser vermutet übrigens, dass die Schaufel deshalb zum geflügelten Wort wurde, weil diese früher (also in der Zeit vor Laubsaugern, Kehrmaschinen und Miniaturschaufelbaggern) ein unverzichtbares Arbeitsgerät gewesen sei.

Leichte Uneinigkeit herrscht auch in der Frage, warum die „Dreckschipp" eigentlich glänzt. Jürgen Deutsch aus Albersweiler zum Beispiel verweist auf eine weitere Variante à la „gebutzti Dreckschipp": „Der grinst wie e frisch lackierti Dreckschipp." Er lässt die Schaufel also künstlich auf Hochglanz bringen. Einige andere Leser argumentieren dagegen, die Schaufel werde beim steten Einsatz quasi automatisch auf Hochglanz geschmirgelt, nämlich durch Abrieb. Gertraud Schwall aus Leinsweiler und Joachim Lehmler wiederum lassen sowohl Glanz als auch Schmutz außen vor und nehmen dafür die Gestalt der „Dreckschipp" unter die Lupe: Diese sei unten breit und in ihrer abgerundeten Form erinnere sie an weit hochgezogene Mundwinkel. Wohl deshalb sei sie zum Sinnbild für breites Grinsen oder breites Lachen geworden. Oder, wenn man die Schippe umdreht, zum Sinnbild fürs Schnuteziehen und Schmollen. „Mach kää so Schippche!", bekommt zu hören, wer ein Gesicht macht, als habe er (sie) in eine Zitrone gebissen, berichtet Doris Rittmann aus Birkenheide.

Aber was ist dann mit der „roschdiche Gießkann" oder dem „Butzäämer", die den Pfälzern ebenfalls redensartlich als Sinnbild für Lachen oder Grinsen dienen? Will man die auch mit menschlichen Gesichtern in Verbindung bringen? – Wie auch immer, mit diesem Problem müssen sich jedenfalls nicht nur die Pfälzer herumschlagen: Jochen Glatt aus Lamsheim hat die Eimervariante auch im Elsass entdeckt, wo man „Ar glanzt wie e Drackeimer" sage, wenn man zum Ausdruck bringen wolle, dass einem jemandes Art zu lachen oder zu grinsen nicht sympathisch sei. Ganz anders übrigens als jenes unerschrockene Lachen aus dem Nebenzimmer, ohne das uns irgendwie was fehlen würde. Nehmen wir an.

Folge 134, erschienen am 9.4. 2009

Die hohe Kunst der Suggestion

Drohung, Warnung, guter Rat? – Warum ein simples
Pfälzer Wörtchen genauestes Hinhören erfordert

„Kumm ma numme nimmi no!" Wurde der Sound des Pfälzischen je schöner festgehalten? Summende, sich lustvoll wieder-
holende Konsonanten, in einem Atemzug durch den Mundraum
gejagt, während Vokale fröhlich drumherumtanzen? – Bevor uns
die Begeisterung vollends überwältigt, sollten wir erst mal für
Aufklärung sorgen: Der Ausruf, den Suse Buchheit aus Pirmasens eingeschickt hat, ist eine wohlformulierte Drohung: Hör
bloß auf, mich zu verfolgen!

Das Erstaunliche: In der klanggewaltigen pfälzischen Version
drehen sich alle anderen Worte um das „numme". Es lässt sich
ganz einfach mit „nur" übersetzen, überragt aber durch seine
enorme suggestive Kraft: Der Satz „Kumm du mer numme mool
hääm!" von Werner Merdian aus Lingenfeld zum Beispiel ist
keine bescheidene Bitte. Es ist eine Drohung, die vor das inne-
re Auge des Zuhörers einen Film projezieren soll: Mach dich
schon mal auf das blaue Wunder gefasst, das du nach deiner
Rückkehr erleben wirst!

Gerhard Müller aus Altdorf erinnert sich an eine Formulierung seiner Großmutter: „Mach numme sou weiter!" Zusatz:
„Dann wärscht sähne, wu d' anne kummscht!" Unverhohlen
kommt auch die Drohung bei Inge Schornick aus Ludwigshafen
daher: „Wart numme, wann ich dich verwisch!" Klaus Gröschel
aus Neustadt wird gar geografisch, um das Maß an Einflüste-
rung zu verdeutlichen, das mit „numme" verbunden sein kann:
„Donn soll dei Bruder numme e Fraa aus em Saargebiet (!) heirade." Das, meint der Leser, sei in der Pfalz als letzte Warnung
vor dem Überschreiten des Rubikon zu verstehen.

Die Macht, die in dem Wort steckt, ist riesig. Also benutzen

„Numme"

durchsetzungsfreudige Pfälzer ihr „numme" nicht nur, um jemandem etwas aus-, sondern auch, um jemandem etwas einzureden: „Ich will heit nit in d' Schul!" – „Geh du numme", lautet ein Kurzdialog von Klaus Rossell aus Merzalben, der nur ein Ergebnis zeitigen kann: Kind geht in die Schule, basta. Heinz Hener aus Maikammer hat den Satz „Nemm der numme!" eingeschickt, dessen Ergänzung „wann der's schmeckt" sich der Sprecher getrost sparen kann. Denn ob das Essen wirklich mundet, ist bestenfalls zweitrangig. Es geht nur um eines: Der Teller muss leer, die Köchin, der Koch muss gebauchpinselt werden.

Doch hat auch das Wort „numme" eine unverfänglich gute Seite: „Geh ma numme net so noh ans Wasser, sunscht fallscht noi" (von Gisela Keller aus Zweibrücken) ist eine absolut gut gemeinte Warnung. Die Erinnerung des Neupotzers Erich Hoffmann an den Sprachgebrauch seiner Großmutter ist ebenfalls gänzlich ungetrübt: „Wann d' Geburtstag hoscht, dann kumm numme, du kriegscht ebbes", sagte die Oma. Und Peter Keller aus Landau stimmt uns schon ein wenig auf die Freuden bevorstehender Wahlkämpfe ein: „Geh numme uff die Biehn vor, do gebt's vom OB en Schobbe umsunscht!" Völlige Coolness, also Gelassenheit, zeigt auch die Version von Manfred Bauer aus Ludwigshafen, der „es Wernerle" erzählen lässt: „Moi Mudder sacht immer iwwer moin Vadder, wann der so richdich wiedich is: Loss en numme, des legt sich."

Nicht vergessen wollen wir, dass „norre" (von „nur") in der Pfalz oft dieselbe Bedeutung hat wie „numme" und wohl ebenso häufig verwendet wird. Nicht ganz so verbreitet sind zum Glück die Beispiele, in denen ein Pfälzer beim Versuch, vornehm zu sprechen, das Gegenteil erreicht, wie Joachim Lehmler aus Ludwigshafen und Uta Müller aus Neustadt darlegen: Denn Sätze wie „Lassen Sie es numen!" (mit extra gedehntem „u") oder „Warten Sie numen!" funktionieren auf Hochdeutsch nur als Rohrkrepierer.

Was gut funktioniert, ist die Erklärung von Wolfgang Noé aus Neustadt, „numme" sei durch Zusammenziehen der Wörter „nur" und „mal" entstanden („Komm du mir nur mal heim!").

Klaus Juner aus Herschberg hält allerdings dagegen, „numme" stamme wie das ursprünglich gleichbedeutende „nimmer" aus dem Mittelhochdeutschen, und auch Walter Gundacker aus Hinterweidenthal geht von einem mittelalterlichen Ursprung aus. Immerhin: Mit Numismatik hat „numme" eher nichts zu tun, wie Manfred Bauer feststellt, auch wenn ein Wirt einem Gast, der in seiner Tasche vergeblich nach Münzen forscht, folgendermaßen aus der Patsche helfen kann: „Gebb em numme e Gläsel fer umme."

Folge 135, erschienen am 22.4. 2009

„Patt", „Pedder", „Goot" und „Geedel"

Die Patt-Situation

Patin und Pate: Im Auftrag des Herrn unterwegs
oder doch nur als Geschenkelieferanten?

Man könnte tiefschürfende Abhandlungen schreiben über die
Verweltlichung des Geistlichen, über Ursprung und Wirklichkeit,
über Verflachung, Kommerz und die Regentschaft des Bana-
len. Man kann es aber auch lassen und sich stattdessen mit
der Rolle der Patenonkel und -tanten befassen, am besten am
Beispiel der pfälzischen „Patt" und „Pedder" sowie „Goot",
„Goodche", „Geedel" oder „Geetsche".

Die hehre Idee fasst Klaus Kronibus aus Enkenbach-Alsenborn zusammen: „Das sind in der Regel jene Personen, die den
Täufling zur Taufe tragen" und ihm „beim Hineinwachsen in Glauben und Kirchengemeinde zur Seite stehen". Jo. Bei Hans Ehrhardt aus Gossersweiler-Stein hört sich das anders an: „Mein
Pedder, der Geizkraache, schenkt merr blouß Sache vumm
Treedlermarik (hochdeutsch: Flohmarkt)."

„Heute haben Paadeunkel und Paadedante mehr oder weniger nur noch die Aufgabe, während der Taufe Padd zu schdehe
un des Klää iwwer die Daaf zu halte und später bei passendem
Anlass respektable Geschenke abzuliefern", meint Manfred
Bauer aus Ludwigshafen. Helga Jungen aus Carlsberg (sie ord-
net die Varianten „Patt" und „Goot" der Westpfalz zu) philoso-
phiert derweil ein wenig über Bedeutung und Wirkungsgrad von
Patinnen und Paten und deren guten Gaben: „Am besten waren die Kinder dran, die ihre Paten im Dorf hatten", sagt sie,
denn dann hatten die Paten einen kurzen Weg, um ihre Geschenke abzuliefern. Andererseits habe man mit Paten, die in
Nachbardörfern oder noch weiter weg wohnten, angeben können, „wo man schon überall war": Da habe sich sogar ein Ort
im nahegelegenen Saarland verheißungsvoll angehört.

Nicht nur Fragen der gesellschaftlichen Reputation, also des guten Rufs, und der Werthaltigkeit von Geschenken, also des schnöden Profits, werden durch das Patenwesen aufgeworfen, sondern auch jene nach der korrekten Art, Danke zu sagen. Reicht ein „Bedankbrief", zumal dann, wenn das Geschenk für wenig Freude sorgte? Ist ein Gegenbesuch erforderlich? Kann notorisches Schweigen zum Ausbleiben des Nachschubs führen? Oder hat gar Inge Schornick aus Ludwigshafen recht, die vollen Einsatz und Gegenleistungen fordert: „Wichtig ist, dass das Patenkind für Geedels Geburtstag, Weihnachten und Ostern selbst angefertigte Geschenke überreicht."

Kehren wir an dieser heiklen Stelle dem Geschenke(un)wesen den Rücken und zum Ursprung des Patenkonzepts zurück. „Patt", „Pedder", „Goot" und „Geedel" sollen den Eltern dabei helfen, „den Täufling in ein gottgefälliges Leben zu führen", schreibt Albert H. Keil aus Dirmstein. Die Paten, sagt auch Walter Gundacker aus Hinterweidenthal, gelten daher als „geistliche Eltern". Schon im Lateinischen habe es den Begriff des „pater spiritualis" gegeben, berichten „die Karin un die Elke vun de Haßlocher Sparkass". Dieser sei im Deutschen zum Gevatter, also zum Mit-Vater, und schießlich sowohl zum Paten als auch zu den pfälzischen Versionen „Patt" und „Pedder" geworden (wiewohl Klaus Juner aus Herschberg eher den mittellateinischen „patrinus" als Namenspaten ansieht).

Die Patin der „Goot" ist etwas schwieriger auszumachen. Hier sind es wohl die im Englischen bis heute erhaltenen Wörter für Pate und Patin – godfather und godmother, also Vater und Mutter „vor Gott" –, die zur Lösung führen, glauben Heinz Pahle aus Offenbach und Walter Gundacker aus Hinterweidenthal.

Noch Fragen? „Männer mit gleichem Vornamen reden sich in der Westpfalz vereinzelt mit ‚Patt' an", berichtet Inge Schornick von erstaunlichen Verbrüderungen und Klaus Kronibus erinnert sich an einen verstorbenen Gastwirt im Ort, der zwar nicht als Pate bekannt war, aber dennoch nur „de Pedder" genannt worden sei: „Am Sunndagmoje geh mer zum Pedder an de Stammdisch, wo die sitzen, wo immer do sitzen", die Tischpaten also.

„Saach schää dankschää zu de Geedel!"

„Pedder" und „Goot" seien außerdem bis vor wenigen Jahrzehnten in Herschberg als Anrede für ältere Menschen gebräulich gewesen, „und zwar nicht in Verbindung mit Du oder Sie, sondern nur mit „Ehr" (Ihr)", erzählt Klaus Juner („Petter, Ehr hann jo ...")". Ehrerbietung pur.

Wieviel Ehre die betroffene Person im folgenen Beispiel einlegt, ist offen. Walter Gundacker zufolge hat sich die Bedeutung nämlich mancherorts sogar noch verengt: „E Märe, wo leddich bleibt, gebbt e aldi Goot." Der alten Jungfer attestieren wir an dieser Stelle ein gottgefälliges Leben. Oder ist das doch zu viel der Ehre?

Folge 136, erschienen am 8.5. 2009

„Goftel"

Hart wie Watte, klug wie Brot

Der Mister Ungeschickt hat (viel zu) viele Brüder

Hinweis: Waschlappen, Warmduscher und Weicheier sollten diesen Beitrag meiden. Der Verlag übernimmt keine Haftung, wenn Sie trotzdem weiterlesen.

Die Pfälzer schimpfen gut und gern. Doch sie tun es nie so variantenreich, wie wenn es um Waschlappen und Weicheier geht. Der „ääfäldige Hund, wu sich alles gfalle losst", wie „die Karin un die Elke vun de Haßlocher Sparkass" einen solchen Menschen nennen, scheint es den Pfälzern angetan zu haben. Und der „Goftel", nach dem wir vor 14 Tagen gefragt hatten, ist nur einer von vielen, vielen Brüdern und Schwestern.

„Der ‚Goftel' war ein weitläufiger Angehöriger der unübersehbar großen Sippschaft derer von ‚Hannebambel', ‚Hosseloddel' und ‚Lellebebbel'", sagt Manfred Bauer. Er sei „ein harmloser und nicht so augenfälliger Vertreter des pfälzisch-psychopathologischen Raritätenkabinetts, genauso wie seine Fast-Zwillinge, der ‚Säfdel', der ‚Olwer' oder der ‚Dabbes' – linkisch, etwas einfältig, so en rischdisch ‚Dreigedrehter'". Bernhard Gabauer aus Ludwigshafen hat auch eine Familiengeschichte parat: „Der Gofdl, der hot en Bruder ghatt, de Sefdl, un des waren die Kinner vum Dappschädels Hoinz un de Marie." Recherchen von „Saach blooß" ergaben, dass sogar noch weitergehende (Geistes-)Verwandtschaften unterstellt werden können: zum „Sunsebrunzel", zur „Tranfunzel", zum „Hoppschoode", zum „Dollbohrer". Wobei die Leser Wert darauf legen, dass der „Goftel" trotz aller Schwächen nichts Böses, sondern durchaus etwas Liebenswertes hat.

Ob der „Goftel" noch lebt, wird allerdings bezweifelt. Manfred Bauer, der ihn vor allem als Klassenkasper, gar als Klassendepp sieht, hält ihn für ausgestorben, „liquidiert von den Kindern der neuerdings aufgeklärten großstädtischen Bevölkerung". Zum Glück, denn früher sei es dem „Goftel" schlecht ergangen: „18 Fehler beim Diktat waren die Norm, acht von zehn Rechenaufgaben waren falsch. Der Lehrer hielt ihn für einen Abstiegskandidaten für die ‚Dummschul'. Im Turnunterricht die Lachnummer. Der Lehrer sagte: Du hängscht widder an de Bambelsstang, so gelenkisch wie en Sack voll Geeseherner (hochdeutsch: Ziegengeweihe – oder so ähnlich)."

Fest steht also: Das Wesen des „Goftel" ist ein schlichtes, sein Körper ein schwacher. „Ich wääß heit noch nit, wie der Schagob die Priefung g'schafft hot, der Goftel", fragt sich Hans Ehrhardt aus Gossersweiler-Stein. Helmut Wingerter aus Neustadt attestiert ihm, „geistig träge" und „ein Langweiler" zu sein, ein „Hosselatsche" sozusagen, der sich im Leben nicht zurechtfindet und immer wieder der Dumme ist. Für Liesel Drieß aus Hochstadt steht zwar weniger die mangelnde Intelligenz des „Goftel" im Vordergrund als dessen handwerkliches Ungeschick („Der hot lauter Daume"), doch das Ergebnis ist dasselbe: Er ist zu nichts zu gebrauchen. Allein Rosemarie Mathes aus Germersheim, die uns den „Goftel" als Diskussionsvorschlag eingeschickt hatte, zeichnet ein anderes Bild. Ihr Vater und Großvater hätten eigenbrötlerische, introvertierte Männer als „Goftel" bezeichnet – er wäre demnach ein Verwandter des „Seldefrehlisch", der zum Lachen in den Keller hinabsteigt.

Zum Ursprung des Worts liefern unsere Leser einige außergewöhnlich kreative Erklärungen. Helmut Wingerter sieht den „Goftel" als einen Mann, „der einen an der Waffel hat" und führt uns zum französischen Wort „gauffre" für „Waffel". Manfred Bauer dagegen erinnert sich an seine ersten Erfahrungen mit der amerikanischen Literatur, als er in den 50er Jahren die Micky-Maus-Hefte kennenlernte. Und siehe da: „Der beste Freund des Titelhelden erwies sich bereits in der ersten Nummer als ein mit allen typischen Eigenschaften ausgestatteter ‚Goftel', und der hieß auch noch ähnlich: Goofy!" Der Leser entwickelt eine fulminante Theorie: „De Pälzer Goftel vunn Auswannerer

noch Ameriga verschleppt, dort zum Goofy umgeschminkt un dann per Schundheftl wieder in die alt Heimat zurückkumme?"

Leider, leider legt ein Hinweis von Reinhard Hartmann aus Kaiserslautern einen schlichteren Schluss nahe: „In der Theaterwelt gibt es den Goffo, der einen Dummkopf mimt", schreibt der Leser, und in der Tat lesen sich die Übersetzungen des italienischen Adjektivs „goffo", als habe der Pfälzer „Goftel" Pate gestanden. Die Person sei „linkisch, plump, taktlos, tölpelhaft, ungeschickt", heißt es im Wörterbuch. Und nebenbei (das lassen wir Hans Estelmann aus Böchingen an dieser Stelle anfügen) „stellt er noch dumme Frooche".

Immerhin ist dafür auch „Saach blooß" bekannt. Kann der „Goftel" also so übel nicht sein.

Folge 137, erschienen am 22.5. 2009

„Bebbere"

Schattenboxen für Maulhelden

Manche Pfälzer kämpfen gegen die Widrigkeit der Welt
und gegen sich selbst

„… was willscht dann du dodemit saache, dass ich bebbere deht?
Ich un bebbere, soi Lewedaach net. Uverschämder Freckling.
Noch nix geleischt im Lewe awwer rotzisch zu ältere Leit …"

Wer die Pfälzerinnen und Pfälzer kennt, weiß: „Es letzschde
Wort hawwe wolle" ist ein Zeitvertreib, dem sich die Menschen
zwischen Rhein und Saar mit wahrer Wollust hingeben. Was
dazu führt, dass manch ein Gespräch nie enden will. „Nää." –
„Doch." – „Nää." – „Awwer in joo." – „Bleedsinn." – Den Rest
schenken wir uns. Denn es gibt tatsächlich eine noch absonder-
lichere Variante: Der „Bebberer" braucht keinen Zweiten, sondern nur sich selbst, um heftig um das letzte Wort zu ringen.

„Er hat die Eigenschaft", erklärt Klaus Kronibus aus Enkenbach-Alsenborn, „alles, was ihm nicht passt, im Monolog leise,
aber ausdauernd zu kritisieren – zu mäkeln, zu nörgeln, vor sich
hin zu grummeln und zu murmeln." Er sei „ääner, wu perma-
nent ebbes zu meckere hot odder a bloß vor sich hie bebbert",
sagt Bruno Seeger aus Oggersheim. „De Bäbber-Hannes" oder
„die Bäbber-Gred", wie Rudolf Walther aus Großkarlbach sie
nennt, begleiten nämlich alles, was sie tun oder sehen, mit
halblaut von sich gegebenen negativen Kommentaren: „So e
Drecksärwet, dass isch des mache muss, do hot de Määsch-
der widder …" Und so weiter.

Das „Bebbere" ist demnach eine besondere Form des pfälzischen Protests, so wie im Fall des Großvaters von Kirsten
Stutz-Seidel aus Nackterhof. Der beschwerte sich stets beb-
bernderweise, wenn die Oma ihn „mal wieder wohin schickte",
bekam dann aber ebenso regelmäßig zu hören: „Mensch Phi-

lipsche, her uff zu bebbere un mach scho." Man könnte fast meinen, mit der „Bebberei" begehrten die Schwachen und Geschundenen gegen die Starken und Mächtigen auf. Doch das ist wohl ziemlich weit gefehlt.

Die meisten Leser sehen den „Bebberer" nämlich eher als Täter denn als Opfer. Er sei schlicht nervend, weil er „eine angenehme Konversation unmöglich macht", meinen zum Beispiel Elke Plass-Mackensen aus Niederkirchen und Elfriede Peter aus Landau. Auch Inge Schornick aus Ludwigshafen zeigt wenig Mitleid für den „Bebbersack" und Doris Rittmann aus Birkenheide hält fest, dass man so einem Nörgler einfach nichts recht machen kann. Wer anders als er selbst soll also schuld an allem sein?

... mirfrier, was mir geleischt hawwen, un dann de Krieg un die Bombe. Un nix Gscheides zu fresse, un dann noch die Währung, wo mei ganzes schäänes Geld verreckt is. Un wann ich mich alsemol beschwer iwwer die verrickte neie Zeite, dann isch des noch lang kä Gebebbers. Schänne wird mer jo wohl noch derfe, wann's was zu schänne gibt ..."

Warum dem „Bebberer" so vieles nicht passt, bleibt sein Geheimnis. „Er weiß es selbst nicht", vermutet Helga Jungen aus Carlsberg. „De Karin un de Elke vun de Haßlocher Sparkass" ist zudem aufgefallen, dass der „Bebberer" zwar hörbare, aber unverständliche Laute von sich gibt. Das legt ebenfalls den Schluss nahe, dass es ihm gar nicht um einen konstruktiven Widerspruch geht, sondern ums Kritisieren um des Kritisierens Willen. Weil der „Bebberer", wie Karlfried Obenauer aus Winnweiler vermutet, „mit sich selbst nicht zufrieden ist". Dass man so einem Menschen, wenn er zu allem Überfluss noch über eine stark ausgeprägte Unterlippe verfügt, eine „Bebberschnuut" nachsagt (das berichtet Walter Gundacker aus Hinterweidenthal), dürfte die Selbstzufriedenheit des „Bebberers" auch nicht unbedingt erhöhen – ebensowenig wie die niederschmetternde Analyse von Hans Ehrhardt aus Gosserweiler-Stein: „Der esch schunn als Bebberer uff die Welt kumme."

De Bebberer

Wenn er überhaupt ein Mann ist, der „Bebberer". Klaus Hollinger aus Spirkelbach ist überzeugt, dass allein „die Bebberern", also das weibliche Exemplar, auf dem Gebiet des „Bebberns" unschlagbar ist. „Sie bebbert", pflichtet ihm Daniel Liebenspacher aus Erpolzheim bei, zum Beispiel „wenn der Mann nach Genuss von mehreren Schorlen lieber Sportschau kuckt statt im Haushalt zu helfen". Ein Indiz für diese Lesart könnte sein: Mit dem „Knodderer" und dem „Knewwrer" gibt es im Pfälzischen zwei weitere, ganz ähnliche Begriffe, die eher dem mosernden männlichen Geschlecht zugeordnet werden als dem zickenden weiblichen – womit das „Bebbere" frei wäre, geschlechterübergreifend die Nörgelei sowohl von Mann als auch von Frau zu bezeichnen.

Dass das Wort einen lautmalerischen Ursprung haben dürfte, erklärt Gisela Schumann aus Grünstadt anhand des Mopeds, das ihr Vater nach dem Krieg fuhr: Es wurde „das Bebbersche" genannt – nach dem Geräusch, das es von sich gab. Dazu passt der Hinweis von Klaus Juner aus Herschberg und

Walter Gundacker, die das mittelhochdeutsche „paperen" (mittellateinisch: „babare") als Ursprung für „bebbere" anführen – „die Lippen unverständlich bewegen" lautet die Übersetzung.

Dass der „Bebberer" und die „Bebberern" gar keine Wörter mit Wiedererkennungswert von sich geben müssen, um in ihrer Miespetrigkeit verstanden zu werden, steht auf einem ganz anderen Blatt. Denn üble Laune pflanzt sich leider auch ohne Worte fort, wenn man nichts dagegen unternimmt. Immerhin haben wir einen Tipp für solche Notlagen parat: „Saach blooß" lesen! Da gibt's dann definitiv nichts mehr zu „bebbere". Nicht wahr?

„… Abwrackprämie kriggen die heit fer ihr alte Karre, vunn de Merkelsen, damit se widder gewählt werd. Wer hotten uns Abwrackprämie gewwe? Mir waren's doch, wu abgewrackt hawwen: Zeh, zwelf Schdunn uff de Trimmerheife gschdanne unn die Backschdäh runnergschuggt. Uns hot känner was gschenkt. Un was isch de Dank? Dass ich mich vunn moim Enkel als Bebbergosch hieschdelle losse muss …"

Die Bebberarie seiner Großmutter hat Manfred Bauer aus Ludwigshafen mühevoll aufgezeichnet und freundlicherweise für dieses Buch zur Verfügung gestellt. Zum Glück nur in Auszügen.

Folge 138, erschienen am 16.6. 2009

„Blott“

Nackte Haut in lauer Nacht

Warum Pfälzer verhindern wollen, dass ihre Mitmenschen einen Zug kriegen

Man könnte meinen, die Pfälzer wären wandelnde Voraussicht und Fleisch gewordenes Mitgefühl: „Laaf ned so blott erumm, sonscht krieschde die Vreck", sorgten sich beispielsweise Eltern und Großeltern von Gisela Schumann aus Grünstadt um die Gesundheit ihres jeweiligen Nachwuchses. Auch „die Karin un die Elke vun de Haßlocher Sparkass" bekamen von ihrer Mutter zu hören: „Kind, laaf mer net so blott rum, sunscht holsch der noch de Dalles." Liesel Dries aus Hochstadt scheint vor Fürsorge zu strotzen, wenn sie warnt: „Fritzel, du kannscht heit nit sou blott uff de Sportplatz, es weht en kalder Wind." Und Rutz Metz aus Hatzenbühl spendet nachträglich erklärenden Trost: „Hosch dich erkält heit Nacht? Besch blutt geleche!"

„Blott" (seltener: „blutt") steht also für blank, kalt, nackt und schutzlos. Es ist eng verwandt mit dem hochdeutschen Wort „bloß" (wie in bloßstellen, nicht wie in „Saach blooß") und beide gehen auf das mittelhochdeutsche „bloz" für „nackt, unverhüllt, entblößt" zurück, wie Klaus Juner aus Herschberg erklärt. Es hat damit dieselbe Bedeutung wie „fligg" (wie in „du bischt widder fligg aagezoo"), sagt Rudolf Walther aus Großkarlbach.

Nichts scheint die Menschen in der Pfalz so umzutreiben wie die Sorge, die nackte Haut ihrer Mitmenschen könnte mit Wind und Wetter in Berührung kommen oder wenigstens mit einem launigen Luftzug in lauer Nacht. Wenn man ärmellos durch die Nacht wandert, ohne Jacke in die Schule spaziert oder mit kurzen Hosen durch den Schnee tollt, drohen nach landläufiger Meinung nicht nur „die Vreck" oder „Freck" und „de Dalles", sondern auch „de Pips" oder „Bibbser" (sagt Helga Jungen aus Carlsberg), „de Ruß" oder „Rußer" (meint Karlfried Obenauer

„So blott willscht du in die Oper?"

aus Winnweiler) und schließlich zu allem Unglück auch noch die „Kränk".

Doch lassen Sie sich vor lauter Husten und Schnupfen nicht täuschen: Viel häufiger als um Gesundheitspflege und Gutmenschentum geht es beim Wörtchen „blott" darum, Eskapaden oder vermeintliche Schwächen der Mitmenschen aufs Korn zu nehmen. „Die dappt mim blodde Bauch rum" ist ein Beispiel von Betty Burk aus Neupotz, das zeigt, wie leicht man in ländlichen Gegenden Aufsehen erregen und in das Fahrwasser noch viel unerfreulicherer Sprüche geraten kann: „Die macht sich glei fer jeden blott", lautet solch eine böse Behauptung, aufgezeichnet und eingeschickt von Wolfgang Hubach aus Haßloch.

Von wegen Fürsorge und Mitgefühl. „Als bodenständig-traditionell bewährte Erziehungsmaßnahme für Kinder galt noch in den 50er Jahren das Versohlen", erinnert sich Klaus Gröschel aus Neustadt. Er plaudert aus dem Nähkästchen: „‚Saach blooß' weckt bei mir, vermutlich aber auch bei anderen Leuten, immer wieder Erinnerungen, reicht manchmal auch an Verdrängtes heran." Denn: „Du kriesch glei was uff de Blotte" sei in seiner Kindheit die Pädagogikversion fürs Vorschulalter gewesen, „geprägt durch nackte Unmittelbarkeit". Anderen Lesern kommt Ähnliches in den Sinn: „Wann de nit brav bischt, kriegscht mim Rohrsteckl uff de Blodde – Hosse nunner un druff", schreibt Betty Burk, und auch Klaus Kronibus aus Enkenbach-Alsenborn erinnert sich an die Zeit, da körperliche Bestrafungen an der Tagesordnung waren: Vater über seinen heranwachsenden Sohn: „Geschdern horrer beim Nochber wärre e Scheib ingeschmess, der Bongert, der uuseelich. Do hot's nix anneres gäbb wie de Rieme här, die Hosse runner un de Blotte gezächelt (den blanken Hintern gezeichnet)!" – „Saach blooß" vermutet: Der Kinderschutzbund wurde wohl erst nach dieser Zeit gegründet.

Ebenfalls nichts für Zartbesaitete sind die alten Geschichten vom Kampf gegen die Spatzen, die nach dem Zweiten Weltkrieg als Schädlinge galten, weil sie in Scharen über die Getreidefelder herfielen. Kinder durften damals Sperlingsnester ausheben, erzählt nicht nur Klaus Juner. Helmut Wingerter aus Neustadt weiß noch, dass es 15 Pfennige für jeden nackten Jungvogel gab, den er beim Bürgermeisteramt abgab. „Des sinn die Blodde", habe man damals über seine Beute gesagt. Heute werden gerupfte Hühner noch gelegentlich als „Bloddarsch" bezeichnet, berichtet Inge Schornick aus Ludwigshafen.

Zur Beruhigung: Nicht immer geht es so brutal zu, wenn es um nackte Hintern geht. „Soin Kobb isch so blott wie e Kinnerärschel", werden Kahlköpfige (oder „Blottkoppiche", wie Klaus Leonhard aus Jettenbach sie nennt) humorvoll auf die Schippe genommen. Oft wird „blott" im übertragenen Sinne verwendet. Denn auch Wände oder Räume können „blott" sein, also leer und ungemütlich, sagt Doris Rittmann aus Birkenheide. „Ach, was is die Welt so blott, wammer kä Bekanntschaft hot", dichtet Ulrike-Charlotte Kühn aus Klingenmünster. Oder nehmen wir das Thema Finanznot. „Seletschd han die Liemän-Brassers monchen blott gemacht", lautet die aktuelle Variante von Klaus Gröschel. Von Heinrich Rudolphi aus Ramstein stammt das Beispiel: „Des deire Audo kenne mir uns ned leischde, do deten mir uns finanziell jo ganz blott stelle."

Und wie bringen wir nun die mannigfaltigen Erkenntnisse des heutigen Tages auf einen Nenner? Wir lassen es Angela Leydecker aus Landau tun: „Blott is äner, wu nix mä uffm A... hot."

Folge 139, erschienen am 3.7. 2009

„Dreck macht Speck"

Murphys Pfälzer Gesetz

Warum das Marmeladenbrot in der Pfalz fallen darf, wie es will

Alles, was schiefgehen kann, geht auch schief – so lautet Murphys Gesetz. Die Lebensweisheit geht auf den US-amerikanischen Luftwaffen-Ingenieur Edward A. Murphy junior (1918-1990) zurück, und das berühmteste Beispiel ist das Marmeladenbrot, das angeblich stets mit der geschmierten Seite nach unten auf dem Flokati oder in der Katzenstreu landet. Scharen von Wissenschaftlern haben über das Phänomen gestritten, haben über Wahrscheinlichkeiten, Gesetzmäßigkeiten und über das menschliche Versagen schlechthin debattiert. Doch keiner ist je auf die Idee gekommen, mal einen Pfälzer zu fragen. Der hätte das Marmeladenbrot aufgehoben, hätte kurz drüber gepustet und dann herzhaft reingebissen. „Dreck macht Speck" lautet Murphys Gesetz auf Pfälzisch. Auch wenn der Spruch für ungeübte Ohren exakt wie Hochdeutsch klingen mag.

„Dreck macht Speck – Medizinisch ist diese Aussage wahrscheinlich nicht haltbar", gibt Reinhard Hartmann aus Kaiserslautern zu bedenken, doch er erinnert sich selbst noch lebhaft, wie die Mutter ihm einst mit ebendiesem Spruch Trost zusprach, wenn ihm das Marmeladenbrot sprichwörtlich in den Schmodder gefallen war. Es kann natürlich auch ein Wurstbrot sein, wie im Beispiel von Klaus Kronibus aus Enkenbach-Alsenborn: „Uwe, moi Knecht, warum heilsche dann so gottserbärmlich?" – „Ei, moi Worschtbrot is mer hiegefall, jetzt is es ganz sandich." Die Oma nimmt die Schnitte, bläst, so gut es geht, den Sand weg, reicht dem Kleinen das Brot und sagt: „Do, nemms, des kannsche noch esse. Des bissje Sand macht nix. Dreck macht Speck!" Der skeptische Blick des Kleinen wurde geflissentlich übergangen.

Speck war einst – anders als heute in Zeiten des Schlank-heitswahns – durchaus positiv besetzt: als Zeichen bester Ge-sundheit und eines guten Ernährungszustands. Mit der Frage „Wu hott dann des Kind sein Speck?" wurde laut Rudolf Walt-her aus Großkarlbach ausdrücklich der faltenlosen, prallen Haut des Babys gehuldigt. Anwendbar ist „Dreck macht Speck" auch auf das Kleinkind, das im Sandkasten selbst gebackene Ku-chen verzehrt: „Marie, guck emol hie, jetzt stobbt der Zwerch sich Babberatsch ins Meilche. Ei der werd jo krank, mer weeß, was do in dem Dreck alles drin is!" – „Rech dich net uff! Moi-ne hän des friher aach als gemacht. Un es hot kämm was ge-duh. Dreck macht Speck!"

Die Lehrmeinungen in Sachen Reinlichkeit gehen also weit auseinander. Manfred Bauer aus Ludwigshafen meint: „Spätestens seit Erfindung der Hygiene hat der Spruch verschwinden müssen, denn man merkte, dass Dreck nicht Speck, sondern oftmals und unausweichlich krankt macht." Die Mutter von „de Karin un de Elke vun de Haßlocher Sparkass" dagegen war sich sicher: „Wenn emol ebbes nit so Sauberes in de Mund gesteckt werd, dann schad des ach nix." Rudolf Walther verweist gar auf die moderne Medizin, die sich wieder darauf besonnen habe, „dass es für die Entwicklung des menschlichen Immunsystems nicht vorteilhaft ist, wenn man Kinder mit überzogenen Hygienemaßnahmen von jedwedem Dreck fernhält".

Gibt es den Spruch „Dreck macht Speck" also bald auf Rezept? Wohl nicht. Noch hat niemand den Nachweis geführt, dass ein Butterbrot tatsächlich einen höheren Nährwert hat, nachdem es auf dem Boden gelandet ist. Viel eher, glaubt Manfred Bauer, sei die Redensart dem Umstand geschuldet, dass der Mensch „Essbares nicht gerne umkommen lässt". Eine geistige Grundhaltung, die in der Pfalz auch für eine zweite zweifelhafte Redensart verantwortlich sein dürfte, die da lautet: „Liewer de Maache verrenkt, wie em Wirt was g'schenkt."

Was wäre jedoch, wenn der Spruch „Dreck macht Speck" ursprünglich gar nichts mit der Spezies Mensch zu tun hatte? Klaus Kronibus erinnert sich daran, wie seine Großeltern einst den Garten mit dem Inhalt der Jauchegrube düngten und er, wenn er sich die Nase zuhielt, zu hören bekam: „Sei net so empfindlich, die Pflanze brauche des, dass se besser wachsen. Dreck macht Speck!" Doris Rittmann aus Birkenheide ist sich andererseits sicher: Der Spruch ist „eindeutig auf das Wildschwein bezogen", das in Feld, Wald und Wiesen wühlt. „Die Wildsauen, die sich im Dreck suhlen und teilweise auch dort ihre Nahrung suchen, setzen dadurch Speck an, der sie über die magere Winterzeit bringt", meint auch Uta Müller aus Neustadt.

Auf eine völlig andere Fährte führt uns Reinhard Hartmann. Er vermutet, dass die Wörter „Dreck" und „Speck" nur des Reimes wegen zueinandergefunden haben, so wie „Saus und Braus" und „Sack und Pack" und – in der Pfalz – „en Kerl wie de Erl" und „vun weechen, Herr Deechen". Der Kaloriengehalt von Schmutz und die Fressgewohnheiten der Pfälzer Wutz hätten demnach überhaupt nichts mit der Entstehungsgeschichte der Redensart „Dreck macht Speck" zu tun. Auch das Anwendungsbeispiel von Inge Schornick aus Ludwigshafen deutet in Richtung reiner Lautmalerei: Wer ungewaschen an der Matratze horchen will, bekommt von ihr zu hören: „Du gehscht mer ned mit Dreck un Speck ins Bett!" Ob die Leserin es dulden würde, wenn jemand mit einem geräucherten Schinken oder gar einem Marmeladenbrot ins Schlafzimmer schleicht, haben wir vorsichtshalber nicht gefragt.

Damit auch in der nächsten Folge nichts schiefgeht, wollen wir an dieser Stelle noch einmal kurz des genialen US-Ingenieurs Murphy gedenken.

– – –

Vielen Dank

Folge 140, erschienen am 16.7. 2009

„Riwwel"

Die Pfälzer und der Krümeltest

Schwarze Würstchen und rohe Streusel – Reibungsverluste zwischen Rhein und Saar

Wie nennt man die Gesamtheit der Kräfte an der Grenzfläche zweier Körper, die gegenseitig ihre Bewegung hemmen? Genau: Reibung. Und was entsteht, wenn der Physiklehrer die Schüler auffordert, die Hände heftig aneinander zu reiben? Meld't sich es Fritzel: „Herr Lehrer, es gebbt lauder schwarze Riwwelscher."

Es dürfte schwer sein, einen Pfälzer Witz mit noch längerem Bart zu finden. Aber wen kümmert das, wenn er so gut passt? Wie Ursula Günther aus Weitersweiler, Christiane Dupont aus Neustadt oder Gabriele Blumenstock aus Impflingen haben zahlreiche Leser diese Episode geschildert, um ins Thema „Riwwle" einzuführen. „Riwwle", „Riwwelcher" oder „Riwwelscher" sind demnach Reibegut, das durch Abrieb entsteht. Sie können bei mangelhafter Hygiene in Form von „schwarzen Würstchen" die Blicke auf sich ziehen, berichtet Peter Kunz aus Rheingönheim; sie können aber auch beim Abtrocknen nach einem langen Bad als weiße Kügelchen in Erscheinung treten, hat Doris Hauß aus Speyer vermutlich am eigenen Leib erfahren.

An ein Verfahren, das auf erstaunliche Weise an die Abstimmung per Ballotage, also an die altertümliche geheime Wahl mithilfe von weißen und schwarzen Kugeln erinnert, wie sie einst von den Benediktinern oder den Freimaurern praktiziert wurde, entsinnt sich Uta Müller aus Neustadt. Nur nennt die Leserin es „den Riwweltest": „Wenn ich als Kind vom Spielen nach Hause kam, schickte die Großmutter mich in die Küche an die Waschbitt – ,Mach dich erscht emol sauwer, bevor du dich an de Disch setzscht!' Nach kurzer Katzenwäsche – ich hatte ja Hunger! – musste ich zur Kontrolle zurück. An Armen, Beinen und vor allem am Hals wurde gerieben und ich wurde

dann mit dem Befehl: ‚Zurick in die Kich, do gebt's jo noch richdich schwarze Riwwelcher!' wieder an die Waschbitt geschickt."
Es war durchaus möglich, dass der ganze Vorgang mehr als einmal wiederholt werden musste. Wären die „Riwwelcher" im ersten Anlauf weiß gewesen oder wären sie ganz ausgeblieben,
die großmütterliche Strenge wäre schnell einem Lächeln gewi-
chen.

Das Zitat „Ich kännt dich grad verriww(e)le!" – eingeschickt
von Klaus Kronibus aus Enkenbach-Alsenborn und Doris Rittmann aus Birkenheide – führt uns auf die nächste „Riwwel"-
Stufe: Das Wort „(ver)riwwle" tritt endlich als Verb in Erscheinung und es geht nicht mehr um tatsächlichen Abrieb, sondern
um ersonnenen. Der Satz findet Anwendung, wenn jemand sehr
wütend ist und einem anderen eine Abreibung verpassen will.
Oder wenn jemand einen Menschen auf besonders innige Weise
seiner Zuneigung versichern will. Im einen Fall würde durch Reibung Wärme (oder mehr) entstehen, weil die Fäuste fliegen, im
anderen Fall – nun, dieses Vergnügen wollen wir Ihrer Fantasie
überlassen.

Wenn ein Thema immer wieder aufs Tapet kommt und ein Un-
glücklicher ständig mit einem früheren Missgeschick konfrontiert wird, heißt es auch: „Der Vorfall wurde oft genug geriwwelt" oder „Des werd immer widder uffgeriwwelt", schreiben
Helga Jungen aus Carlsberg und Inge Schornick aus Ludwigshafen. Die Seele des Opfers, man kann es sich fast schon bild-
lich vorstellen, wird regelrecht wund gerieben. „Des hämmer
schunemol geriwwelt" (ein Anwendungsbeispiel von Wolfgang
Breyer aus Frankenthal) kann aber auch schlicht bedeuten: Das
haben wir doch schon oft genug durchgekaut.

Womit wir beim Thema „Kauen" und dem besonders erfreulichen Teil dieses Beitrags angekommen sind. „Riwwel" entstehen hier nicht unfreiwillig durch Abrieb, sondern werden gezielt
von geschickten (und bitte sauberen) Händen aus einer größe-
ren Masse geformt. „Ich glaube, jeder Pfälzer kennt den guten
Riwwelkuche", formuliert Juanita Jungmann aus Albisheim ihre
Erkenntnis über die Verbreitung des berühmten Hefekuchens

Lauder schwarze Riwwelscher

mit Streuseln obendrauf. „Auch Abbel- und Kwetschekuche mit Riwwle sind eine Delikatesse", schreibt Liesel Drieß aus Hochstadt.

„Ein Nicht-Pfälzer sollte nicht versuchen, ‚Riwwelkuche' (auch: ‚Riwweleskuche') ins Hochdeutsche zu übersetzen", rät Berthold Lutz aus Ludwigshafen. Mit „Reibekuchen" würde der Ahnungslose natürlich bei „Grumbeerpannekuche" landen – einer völlig anderen Köstlichkeit, die auch unter dem Namen „Kartoffelpuffer" bekannt ist – und im Saarland als „Dibbelabbes". Die Streuselvariante „Krimmelkuche", die zum Beispiel in Frankenthal für „Backwerk mit geriebener Auflage" verwendet wird, erschließt sich auch für Laien zweifelsfrei, ist aber weit weniger verbreitet. Außerordentlich beliebt ist dagegen das Spielchen, durch Tricks und Finten an die „Riwwle" zu gelangen, bevor diese auf den Kuchen kommen, berichtet Thomas Zech aus Bobenheim-Roxheim. „Roh schmecken sie mir noch heute am besten", beichtet er. Es gilt: Wer an rohe „Riwwelscher" kommt, ohne erwischt zu werden, hat auf seine Art den „Riwweltest" bestanden. Oder wer wie Erika Barth aus Weisenheim am Berg möglichst viele Streusel vom unangeschnittenen Kuchen klaut, bevor es jemand merkt.

Sind die „Riwwel" salzig statt süß, so landen sie in der „Worscht-" oder „Metzelsupp" und gelten dort nicht minder als Köstlichkeit. Volker Damian aus Spirkelbach erzählt: „Wann mer frieher gemetzelt hänn, hot's owends noch Worschdsupp gäwwe. Do hot moi Oma än Nuudeldääg gemachd und hodd dänn, wann's hodd schnell gehe misse, nädd ausgerolld unn g'schnidde, sondern mid ehre Händ in die Worschdsupp noigeriwwe – des war dann die Riwwelsupp." Eine gleichnamige Suppe gibt es auch vegetarisch: Mehl, ein bis zwei Eier und ein bisschen Milch reichen, versichert Helga Helm aus Mutterstadt; „Riwwle" in die Milch, kurz kochen lassen – fertig (ohne Gewähr, fühlt sich „Saach blooß" verpflichtet anzumerken, nix fer uuguut).

Dass „riwwle", „reiben" und „rubbeln" vom mittelhochdeutschen „riben" abstammen, wollen wir Ihnen an dieser Stelle noch unter die Nase reiben (wodurch übrigens ebenfalls „Riwwele" entstehen können, allerdings keine leckeren, wie man so hört).

Unseren eigenen Zinken stecken wir derweil in die nächste Folge. Oder noch besser: in ein Stück Riwwelkuche mit Abbel. Bis dann.

Folge 141, erschienen am 30.7. 2009

„Babbsack"

Ein ausgemachter Charakterlump

Schmierig, schleimig, schlecht –
so macht man sich in der Pfalz keine Freunde

Der Ton macht die Musik, auch in der Pfalz. Oder anders ausgedrückt: „Babbsack" ist nicht gleich „Babbsack".

Gudrun Nicolosi aus Stockborn zum Beispiel klingt noch die
Stimme ihrer Mutter im Ohr, wie sie, an der Haustür Ausschau
haltend, seufzte: „Wo sinn dann norre die Babbsäck widder?"
Liebevoll sei das gemeint gewesen, versichert die Leserin, handelte es sich doch um die eigenen Kinder, die mal wieder ihren
Spaß im Schlamm gehabt hatten; mit der logischen, aber letztlich verzeihlichen Folge, dass „die schmierige, klebrige Subs-
tanz sich von den Schuhen bis zu den Haaren verteilt hat". Auch
Berthold Lutz aus Ludwigshafen hat festgestellt: Wenn „Babbsack, du dreckiger!" liebevoll ausgesprochen werde (Ja, sowas
können die Pfälzer!), dann sei damit ein Knirps gemeint, „dem
Babberatsch entstiegen". Es könnte natürlich auch „Bäbbel"
gewesen sein.

Wehe aber, mit „Babbsack" ist ein Erwachsener gemeint.
Dann ändert sich nicht nur die Tonlage, sondern vor allem die
Bedeutung. Zwar kann es sich auch in diesem Fall um einen
Menschen handeln, „äußerlich so dreggich unn so babbich, dass,
wann mer'n an d'Wand schmeißt, er hänge bleiwe duut", schreibt
Heinz Hener aus Maikammer. Doch auf Verständnis wie die kleinen Schmutzfinken vom Anfang dieses Beitrags darf dieser nicht
hoffen. Wenn es sich schließlich gar um den „Babbsack" im
übertragenen Sinne handelt, dann ist alles aus: „Der isch inner-
lich so verkumme, dass kään Mensch was mit dem zu due hawe
will, weil er änn ausgemachde Charakderlump isch."

Der „Babbsack" sei „de eklische Bruder vum Drecksack",
macht Bertram Steinbacher aus Lingenfeld deutlich, dass es

heute um ein ziemlich drastisches pfälzisches Schimpfwort
geht. So werde ein Mensch bezeichnet, „wu üwwer annre nur
läschtert und stänkert" und der „schleimich rerre duud" (also:
reden tut), sagt Hans Estelmann aus Böchingen. Den eigenen
Freund verpetzen, um sich einen Vorteil zu verschaffen, dazu
sei der „Babbsack" fähig, meint Ruth Spieß aus Kirchheim. Ein
Lügner sei er außerdem, ergänzt Minnie Maria Rembe aus Winnweiler. „Die Karin un die Elke vun de Haßlocher Sparkass" war-
nen die Frauenwelt derweil eindringlich: Der „Babbsack" sei so
klebrig und „babbisch", dass „mer am beschde die Finger weg-
losst, weil mer sunschd dro hänge bleiwe könnt".

Das alles beweist: Die Bandbreite des „Babbsack" zwischen Schmutzfink und Kotzbrocken ist groß. Damit Missverständnisse um die verschiedenen Tonlagen gar nicht erst aufkommen, unterscheidet Klaus Juner aus Herschberg vorsichtshalber zwischen „klänner Babbsack" (liebevoll) und „großer Babbsack" (verächtlich). Wobei unbedingt zu beachten ist: „Großer Babbsack!", zärtlich hingehaucht, ist besser als „Klänner Babbsack", geplärrt im Kasernenhofton. Und noch ein Tipp: Bevor Sie, liebe Leserinnen und Leser, mit dem hier Gelernten in die Öffentlichkeit treten, sollten Sie die Tonlagen des Schimpfworts im kleinen Kreis ausprobieren. Denn „Saach blooß" übernimmt keinerlei Haftung für Sach- und Personenschäden.

Doris Rittmann aus Birkenheide hat einen weiteren unverbindlichen Ratschlag parat: Abzugrenzen sei der „Babbsack" nämlich vom „babbich Gutsel" (oder „babbisch Gutsje", wie es im Westen der Pfalz heißt), das in der Regel keine Probleme mit der Körperhygiene hat und auch nicht direkt bösartig ist. Vielmehr falle das „babbisch Gutsje" allein durch seine Aufdringlichkeit negativ auf. Wovon jede(r) ein Lied singen kann, der oder dem so eine Type mal an der Backe klebte.

„Babbich" steht für „klebrig" oder „schmierig" und ist abgeleitet vom umgangssprachlichen Wort „pappen" (pfälzisch: „babbe"). Dieselbe Wortwurzel steckt auch in „Papier" und „Pappe" und im Pfälzischen wird sie sogar zum Hauptwort. Im Beispiel „Lang mer mol die Tub mit de Babb (oder middem Babb) eriwwer", steht Babb eins zu eins für Klebstoff, sagt Klaus Kronibus aus Enkenbach-Alsenborn. In der folgenden nicht allzu charmanten Bewertung einer etwas zu dick geratenen Erbsensuppe steht „Babb" dagegen für eine ungewollt klebrige Masse: „Was hosche dann do wärre fer e Babb gekocht?"

Der „-sack" im „Babbsack" macht die Sache auch nicht besser. Reinhard Hartmann aus Kaiserslautern hat eine Theorie entwickelt: Ein „Sack" sei ein erbärmlich fieser Kerl, der seinen Schimpfnamen von jenem groben Tuch hat, das man schon zu Zeiten des Alten Testaments getragen habe, wenn man in Sack und Asche gegangen sei, um Buße zu tun. Erhalten habe sich das Wort bis heute im „Sakko". Ob das Tragen eines solchen auch heute noch Rückschlüsse auf Charakter und Vorstrafenregister des Trägers ermöglicht, lässt der Leser bewusst offen – ein Sack ist, wer Arges dabei denkt.

Doch zurück auf den Boden der Fakten: Der Sack ist bis heute ganz unverfänglich auch als grobes Behältnis aus Stoff bekannt. Heikel wird es erst, wenn das Wort ergänzt wird. „Alde", „faule" und „bleede Säck" hat Joachim Lehmler aus Ludwigshafen ausgemacht, und von allen Zusammensetzungen („Fresssack", „Dicksack", „Saftsack", „Sausack", „Drecksack") sei der „Babbsack" nach seinem Sprachgefühl die letzte Steigerung. „Inbrünstig ausgesprochen", könne man so „aus dem tiefsten Herzensgrund der eigenen Seele ääm saache, wie mern eischätzt unn was mer vunn em hald". Viel Interpretationsspielraum dürfte in dieser Tonlage jedenfalls nicht mehr übrig bleiben.

Doch bevor Sie von Erklärungen so satt sind, dass Sie nicht mehr „Babb" sagen können, wollen wir diese Folge an dieser Stelle beschließen.

Folge 142, erschienen am 21.8. 2009

„Blooder"

Es gibt, im Prinzip, zwei Arten von Menschen. Auf der einen Seite die Fußfaulen, die vom Höhenparkplatz an der Burg X satte
35 Meter bis zur Burgschänke laufen, und das in „Schlipp-
schlapps" (Typ A). Auf der anderen Seite die strammen Wan-
dersleut', die schon vor Sonnenaufgang arme Uhus aufscheu-
chen und nach zehn Stunden immer noch laufen und laufen und
laufen (Typ B). Oder: Auf der einen Seite die „Hannebambel"
und „Labbeduddel", „zu dabbisch fer en Ämer Wasser umzu-
schmeiße", die nie auf die Idee kämen, ein Werkzeug in die
Hand zu nehmen („Fer was soll'en des gut soi?"). Auf der anderen Seite die „Fuddler" und „Bossler", die sich, wenn's not
tut, kopfüber aus dem Fenster im zweiten Stock abseilen, um
den kaputten Fensterladen ein Stockwerk tiefer zu reparieren
– bewaffnet mit Hammer, Nägeln und großer Hoffnung in die
eigenen Fähigkeiten.

Doch nur Typ B trägt dazu bei, ein Pfälzer Wort vor dem Vergessen zu bewahren: die „Blooder". Gerd Häßel aus Reichen-
bach-Steegen erklärt: „Die ,Blooder' (hochdeutsch Blut- oder
Wasserblase) kann man sich laufen. Sie entsteht durch Reibung der Füße mit Schuhen, wenn diese schlecht sitzen oder
neu sind." Die Familien Böhmer und Reisner berichten aus der
Nordpfalz: „,E Blooder' bekommt man, wenn man sich den Finger quetscht oder sich mit dem Hammer auf den Daumen haut."
Und Klaus Kronibus aus Kaiserslautern erzählt: „Geschdern
hänn mer de ganze Daag es Fundament fer unser Aabau aus-
gehobb. Jetzt hann ich lauter Blooder an de Hänn vunn däre
Schlepperei!"

All das beweist: Sich regen bringt Segen – von wegen! Mühsal kann, neben Erschöpfung und „ämme krumme Kreiz" auch unliebsame Nebeneffekte auf die menschliche Haut haben. Blutansammlungen im Gewebe, verursacht durch Quetschungen oder dauerhafte Reibung, schreibt Uta Fasco aus Waldfischbach-Burgalben. Auch Hitzebläschen werden als „Bloodere" bezeichnet, sagt Elke Plass-Mackensen aus Niederkirchen, und im Satz „die Sunn brennt Bloodere" sind regelrechte Brandblasen gemeint. Diese können laut Manfred Bauer aus Ludwigshafen auch durch unsachgemäße Benutzung eines Bügeleisens entstehen.

Medizinisch heißt die „Blooder" oder Blase „Bulla" (Mehrzahl: „Bullae"), womit ein lateinischer Ursprung des pfälzischen Wortes schon einmal ausgeschlossen wäre. Als „Bulla" bezeichnet der Hautarzt einen „über das Hautniveau erhabenen, flüssigkeitsgefüllten Raum, der wenigstens erbsengroß ist". Und „Saach blooß" freut sich: „Widder was g'lernt."

Es gibt noch mehr Lehrstoff: Viele „Bloodere" sind vermeidbar – ganz ohne dass man zum Menschentyp A („Labbeduddel" & Co) konvertiert und fortan gar nichts mehr macht, um nichts mehr falsch zu machen. Für harte Arbeit mit Schaufel oder „Schipp", Hammer, Kettensäge oder Bergen von Backsteinen gibt es nämlich „Schutzhänsching", schreibt Klaus Hollinger aus Spirkelbach (für Nichtpfälzer: Das sind Schutzhandschuhe). „Uhne Strimb an de Fieß griecht mer leicht Bloodere" lautet eine Erkenntnis von Hans Ehrhardt aus Gossersweiler-Stein. Und Klaus Juner aus Herschberg liefert eine Wandererweisheit gleich in einprägsamer Reimform: „Wer wannert, will kä Bloodre han, drum zieht er zwä Paar Socke an."

Während das Wort „Blooder" in der Nord-, West- und Südwestpfalz für alle Formen der hochdeutschen Blase noch einigermaßen verbreitet zu sein scheint, sieht das in der Vorderpfalz ganz anders aus. „Die Karin un die Elke vun de Haßlocher Sparkass" zum Beispiel waren diesmal ratlos. Und wären sie nicht pfalzweit als „Saach-blooß"-Mitmacherinnen der ersten Stunde bekannt, dann hätte sich nicht Achim Argus aus Rosch-

Wundg'schafft

bach an unsere inoffizielle Haßlocher Zweigstelle gewandt und den beiden die Lösung des Rätsels, die Blase, präsentiert. Berthold Lutz aus Ludwigshafen kennt die „Blooder" nur als Blase am Fuß, alle anderen Varianten würden als „Bloos" bezeichnet, meint er. Was zeigt: Im nordöstlichen Dialektbereich herrscht eine gewisse Unklarheit, was die „Blooder" angeht, während andernorts in der Pfalz kaum Fragen offen bleiben.

Auch nicht jene nach dem Ursprung des Worts. „Blut" (englisch: „blood") könnte darin stecken, meinen einige Leserinnen und Leser, oder die Farbe blau (pfälzisch „bloo"). Doch vermutlich ist die Lösung einfacher: Die „Blooder" dürfte sprachlich eng mit den Pocken zusammenhängen, die früher als „Blattern" bekannt waren, haben Walter Gundacker aus Hinterweidenthal, Reinhard Hartmann aus Kaiserslautern und Klaus Juner herausgefunden. Beide Wörter gehen schlicht auf des mittelhochdeutsche „blattere" für „Blase" zurück, auch „blähen" gehört zu dieser Wortfamilie.

Wir möchten uns noch bei den vielen Lesern bedanken, die uns gewünscht haben, nie unter Blasen in irgendeiner Form leiden zu müssen. Unterstellt diese Fürsorge doch immerhin, dass „Saach blooß" in ihren Augen zum dynamischen Typ B zählt, der tatsächlich Gefahr läuft, sich Blasen einzufangen – während Typ A einfach rumsitzt und pennt. Indes: Hans Ehrhardt beschwört auch für jene die Blasengefahr herauf: „Wann d' nit ball was schaffscht, kriechscht garantiert Bloodere am A...!"

Derart angespornt, setzt sich „Saach blooß" gleich wieder auf seinen Hintern und kümmert sich um die Frage für die nächste Folge. Typ B verpflichtet ...

Folge 143, erschienen am 4.9. 2009

(Ei)dulfe

Le Gestank, c'est moi!

Wer sich zu stark einsprüht, hat etwas zu verbergen –
Eine furztrockene Abhandlung übers Nassmachen

Der Sonnenkönig Ludwig XIV. hielt nicht viel von Reinlichkeit.
Zu seiner Zeit wurden Ausdünstungen des Körpers mit schwe-
ren Düften überdeckt: Parfüm und Puder sollten besorgen, was
heute mit Wasser erledigt wird. Hygiene? Ein Fremdwort. Wir
haben den müffelnden Monarchen flugs zum Paten dieser Folge ernannt. Er hilft uns, ein vom Aussterben bedrohtes Pfälzer
Wort dem Vergessen zu entreißen.

Wenn sich jemand „mit allzu vielen Riechstoffen versehen
hat", wie Peter Körner aus Bad Bergzabern es formuliert, dann
„hot der sich widder mol eigedulft!" Passenderweise auf Französisch fügt der Leser hinzu: „Quel odeur!", also: Welch ein Geruch! – „Hot die sich eigedulft!", dachte auch Katharina Hofrich-
ter aus Neustadt, als neulich ihre Tochter in einer Parfümwolke
die Treppe herunterkam: „Ich roch sie schon, bevor ich sie sah",
berichtet die Leserin von ihrem besonderen sinnlichen Erlebnis.

Doch aufgepasst! Es geht beim „Dulfe" und „Eidulfe" ums
Besprühen, nicht zwingend um den penetranten Gestank. „Etwas tüchtig besprengen, etwas gut feucht, ja fast zu feucht machen", lautet die Übersetzung ins Hochdeutsche. Für „die Karin un die Elke vun de Haßlocher Sparkass" kann das zu Sicht-
behinderungen führen: „Oh, do hoschd dich awwer widder eu-
gedulft, wenn willschd dann do eunewwle (einnebeln)?" Bei Ottilie Rieder aus Deidesheim verhärten sich gar die Fronten: „Zu
den Zeiten, als man noch die Haare toupierte, hat man sich einen starken ‚Dulfer' mit Haarspray gemacht, damit die Frisur
auch lange hielt. – „Mein lieber Mann, hoscht du die Hoor gedulft; die stehn jo wie e Wixbrscht", lautet das passende Zitat von Hans Ehrhardt aus Gossersweiler-Stein.

Der Ehemann von Ottilie Rieder berichtete seiner Gattin von den Erfahrungen in seinem Kochkurs für Männer, Kapitel Schwarzwälder Kirschtorte: „Do hemmer dänn Torteboode so mit Kerscheschnaps oigedulft, dass mer später die Tort' nor mit em Leffel aus em Kucheblech hänn raus esse kinne."

Anders als zu Zeiten des Sonnenkönigs kann beim „Dulfe" übrigens leibhaftiges Wasser zum Einsatz kommen, und zwar nicht nur in mikroskopisch zerstäubten Tröpfchen, sondern auch in fetten Tropfen: „Heute sind wir mal so richtig ‚gedulft' worden", lautete der Kommentar, als Gisela Keller aus Zweibrücken und ihre Mutter im Wald von einem fürchterlichen Regenschauer überrascht worden waren. „Hett ich en Schirm debei g'hat, wär ich nit sou gedulft worre", bringt Hans Ehrhardt seine verspätete Erkenntnis auf den Punkt. „Unn im Schwimmbad friher hänn mer uns ach als aus Schbass gedulft", also nass gespritzt, erinnert sich Heinz Hener aus Maikammer.

Der mögliche Ursprung des Worts wirft diesmal mehr Fragen auf, als „Saach blooß" lieb ist. Einige Leser vermuten, „dulfe" hänge sprachlich mit „duften" und „dampfen" zusammen. Doch „dulfe" ist auch ein Begriff aus der Verarbeitung von Flachs oder Hanf. „Unter ‚Dulfen' versteht man das Flachsbrechen, also die Trennung der Pflanzenfasern von den holzigen Teilen", schreibt Reinhard Hartmann aus Kaiserslautern. Und Klaus Kronibus aus Enkenbach-Alsenborn erklärt: „Bei der ‚Dulfe' oder ‚Hanfbreche' handelt es sich um ein ausgeklügeltes, hölzernes Spezialgerät zum Zerkleinern und Brechen des Hanfs." Einige Leser sehen hier zwar durchaus Wasser im Spiel (sie gehen davon aus, dass der Flachs vor der Behandlung eingeweicht oder zumindest nass gemacht werden muss), doch im Vordergrund stehen das Einsprühen und Befeuchten bei dieser Form des „Dulfens" auf keinen Fall. So leid uns das tut.

Was uns immerhin zu einigen furztrockenen Anwendungsbeispielen bringt, in denen es ebenfalls höchstens im übertragenen Sinne ums Nassmachen geht. „Wann de 1. FCK änni eigedulft kriechd, kann mer des mondags immer in de RHEINPFALZ lese", sagt Heinz Hener. „Dänn hänn se gedulft, hieß es früher

„Muscht du dich so eidulfe?"

in Herxheim, wenn jemand Schläge bekommen hatte", berichtet Rudolf Wild aus Annweiler. „Der hot dich mol gedulft, jetzt haltscht dei große Gosch", lautet ein Zitat von Klaus Hollinger aus Spirkelbach. Und immerhin doppeldeutig, was die Feucht-(fröhl)ichkeit angeht, hält es Hans Estelmann aus Böchingen: „Wann ich von ener Zechtour hääm kumm, empfangt mich mei Fraa mit de Worte: Wer hot dich heit owend wirrer so eigedulft?"

Bevor wir in den Geruch geraten, wir wären der Lösung des Rätsels diesmal nicht wirklich nahe gekommen, klappen wir das Buch zu und geben dem Paten dieser Folge (und allen Hobby-„Dulfern") einen Rat mit auf den Weg. Wir meinen: „Dulfe" ist stets nur der zweitbeste Weg. Der beste steckt in drei Pfälzer Wörtern, die da lauten: „Nit kratze, wesche!" Salut!

Folge 144, erschienen am 17.9. 2009

Pfälzer Stichwortverzeichnis

Alle 650 Wörter und Redewendungen in diesem Stichwortverzeichnis werden in den drei Büchern der „Saach-blooß"-Reihe erklärt.

Feststehende Pfälzer Sprüche und Redensarten sind durch An- und Abführungszeichen gekennzeichnet. Blau gefärbte Begriffe zeigen, dass sich eine Folge eigens mit diesem Stichwort oder diesem Spruch befasst. Die Tilde (~) steht in Zusammensetzungen und Redensarten für das jeweilige Stichwort.

Der Hinweis (SB) hinter der Seitenzahl verweist auf Seiten im ersten Band dieser Reihe: „Saach blooß. Geheimnisse des Pfälzischen" (2006), der Hinweis (SB 2) verweist auf den zweiten Band: „Saach blooß 2. Noch mehr Geheimnisse des Pfälzischen" (2007). Alle anderen Seitenzahlen führen zu Erklärungen in diesem Buch.

„Isch hab/häb/han die ~"